事例から掴む

保釈請求を通す技術

高木小太郎
中 原 潤 一
[編著]

第一法規

はしがき

「いつ、出られますか？」

刑事事件を担当したことがある弁護士であれば、一度は、依頼人からこのような言葉を言われたことがあるでしょう。依頼人にとって、勾留がいつまで続くことになるのかというのは非常に大きな関心ごとです。

日常から隔絶され、不自由な空間で、司法で裁かれる者として扱われて、日々過ごすことの苦痛は想像に難くありません。それでも、被疑者段階で釈放されたら、逮捕から勾留延長されても20日強の期間ですが、身柄事件で起訴された場合には、一回結審の情状事件ですら、判決まで２か月近く要しますし、追起訴がある事件や、否認事件など、公判期日が複数ある事件では半年を超えることも珍しくありません。事件によっては１年を超えることもあります。

この間、社会に戻ることができないことは、依頼人にとって大きなストレスになります。依頼人がいつ留置施設から出ることができるか気にすることは当然です。

依頼人が早期に社会に戻ることができれば、依頼人は、職を失わずに済むかもしれませんし、社会的ダメージも抑えられる可能性があります。実刑相当事件であっても、保釈された場合には、判決前に身辺整理をすることができます。身辺整理を済ませることで、服役後の社会復帰がスムーズになったり、また、気がかりなことを整理して服役することもできます。

弁護人の立場からも保釈が認められると、依頼人との打合せが容易になります。アクリル板越しには困難だった資料に直接書き込みをしてもらうことだったり、膨大な資料に目を通してもらうことなども可能になり、充実した防御が可能になります。また、依存症などのケースでは、依頼人を現に通院させるなどすることも可能となり、防御の材料が増えます。

かつては、資力に余裕がある人しか、事実上、保釈をすることが困難でしたが、近年、この状況が大きく変化し、資力に余裕がない人でも保釈が可能になりました。

また、かつては否認事件であれば、保釈は困難でしたが、近年、裁判所の判断に変化があり、以前に比べ否認事件であっても保釈が認められるケースも増えてきています。

しかし、保釈される場合でも保釈される時期が遅かったり、本来の保釈制度の趣旨からすると本来保釈されるべき事件であっても保釈が認められないなど、法の定める保釈制度の本来のあり方から乖離した実務が未だに行われているというのも現実です。

本書は、基礎的なことから応用的なこと、ある程度細部に至る部分についても盛り込みました。刑事弁護の経験が浅い弁護人が初めて保釈請求をするときの参考になるのは当然として、経験がある程度豊富な弁護人が難解な事件で保釈請求をするときの手助けにもなるのではないかと自負しています。

第１章では保釈を取り巻く現状や、法的解釈や保釈条件の提案など、保釈請求書を起案する上での理論的な部分や細かい取扱い、その他保釈に際して注意すべきポイント等について触れています。第２章は第１章をベースに事例ごとに具体的にどのように考えるのかを解説しています。また、すべての事例ではありませんが、保釈請求書のサンプルも用意しました。

未だに、人質司法がまかり通っており、条文の解釈から離れた恣意的な判断が行われることが多い現状を変えていくためには個々の弁護人の活動によるところが大きいと考えています。本書がその一助になれば執筆者としてこれ以上喜ばしいことはありません。

最後に、本書の企画を提案した際に、刑事弁護の一分野に特化した書籍であるにもかかわらず、これを採用し、出版にまでこぎつけた第一法規株式会社の宗正人氏、芝田敏昭氏には深く感謝いたします。

2021年７月

髙木　小太郎

凡　例

1．法令名等の表示について

本文では原則として「刑事訴訟法」を省略した。条文の数字はアラビア数字に改めた。

2．判例の書誌事項の表示について

判例には、原則として判例情報データベース「D1-Law.com 判例体系」（https://d1l-dh.d1-law.com）の検索項目となる判例 ID を〔　〕で記載した。

例：最決平成12・6・27刑集54巻5号461頁〔28051453〕

3．「保釈請求書サンプル」について

第2章事例編に掲載している「保釈請求書サンプル」は原則起訴された瞬間に提出するものを想定して、作成した。

判例出典略語

刑集	最高裁判所刑事判例集
裁判集刑	最高裁判所裁判集刑事
高裁刑集	高等裁判所刑事判例集
下級刑集	下級裁判所刑事裁判例集
刑裁月報	刑事裁判月報
高刑特報	高等裁判所刑事裁判特報
高刑速報	高等裁判所刑事裁判速報集
判時	判例時報
判タ	判例タイムズ

文献略語

令状実務詳解

　田中康郎監修『令状実務詳解』立花書房（2020年）

条解刑事訴訟法〈第4版増補版〉

　松尾浩也監修『条解刑事訴訟法〈第4版増補版〉』弘文堂（2016年）

令状に関する理論と実務Ⅱ

　髙麗邦彦＝芦澤政治編『令状に関する理論と実務Ⅱ　別冊判例タイムズ35号』判例タイムズ社（2013年）

注釈刑訴⑵〈第3版〉

　河上和雄＝小林充＝植村立郎＝河村博編『注釈刑事訴訟法第２巻〈第3版〉』立花書房（2020年）

大コンメンタール刑訴法⑴〈第2版〉

　河上和雄＝中山善房＝古田佑紀＝原田國男＝河村博＝渡辺咲子編『大コンメンタール刑事訴訟法第１巻（第１条～第56条）〈第2版〉』青林書院（2013年）

大コンメンタール刑訴法⑵〈第2版〉

　河上和雄＝中山善房＝古田佑紀＝原田國男＝河村博＝渡辺咲子編『大コンメンタール刑事訴訟法第２巻（第57条～第127条）〈第2版〉』青林書院（2010年）

目次　事例から掴む 保釈請求を通す技術

第2章 事例編

第1章

総論

1 保釈を取り巻く現状について

1 保釈率・保釈許可率の変化

（1）保釈率・保釈許可率の変化

身柄事件の件数のうち、保釈された件数が占める割合を保釈率といい、保釈請求があった事件のうち、保釈許可決定が出された事件の占める割合を保釈許可率といいます。

地裁・簡裁の保釈率については、1972年に58.4％あったものが、2003年に12.6％まで低下しました。この後、上昇に転じて、2018年には32.5％まで回復しました。否認事件についても1984年に35.0％あったものが、2002年に11.7％まで低下しましたが、2018年には28.5％まで回復しました。

地裁・簡裁の保釈許可率については、1972年に60.7％あったものが、2000年には49.3％まで低下しましたが、上昇に転じて、2018年には76.0％と大幅に保釈が許可されるようになりました（三好幹夫「保釈の運用」令状に関する理論と実務Ⅱ11頁、増田啓祐「保釈の在り方—裁判の立場から」刑事法ジャーナル64号（2020年）28頁、趙誠峰「保釈の在り方—弁護の立場から」前掲44頁。ただし、2018年の統計については延べ人員を基準にそれ以外は実人員を基準にしており数値に若干の差がみられます）。

また、自白事件で保釈が認められた事件のうち、第１回公判前に保釈が認められた事件の占める割合は、2002年に65.0％であったものが、2018年には77.8％に上昇していますし、否認事件で保釈が認められた事件のうち、第１回公判前に保釈が認められた事件の占める割合は、2002年に34.5％であったものが、2018年には41.8％に上昇しています。否認事件については、勾留状が発布された事件に対して、第１回公判前に保釈が認められた事件は、2002年に４％であったのが、2018年には11.9％まで上昇しています（増田・前掲45頁）。

このような数値からすると、保釈について、否認事件を含めて、一時期よりも保釈が認められる傾向にあり、また、保釈が認められる時期も早くなっているとみることができます。しかし、実態として、この数値ほど、保釈が認められやすくなっている、保釈が認められるのが早期化していると評価することはできません。

（２）保釈率・保釈許可率の変化の理由

ア 保釈率の変化の理由

保釈率が上昇しているのは、保釈請求をすることができる状況が整ったことが大きな要因になっています。従前は、保釈が相当である事案であっても、保釈保証金を用意することが難しく、保釈請求をすることそのものを諦めているケースが多々ありました。しかし、（一社）日本保釈支援協会の保釈保証金立替や、全国弁護士協同組合連合会の保釈保証書などによって、実際に保釈保証金を用意することができないケースであっても保釈請求をすることができるようになってきました（（一社）日本保釈支援協会の保釈保証金立替事業は2004年に開始、全国弁護士協同組合連合会の保釈保証書発行事業は2013年に開始）。

勾留事件における保釈割合を示す保釈請求率について、2006年は28.9％ですが、2018年には48.1％まで上昇しています。また、少し古い資料になりますが、国選弁護人が選任された事件について、2006年では保釈率が3.2％であったのに、2010年には13.1％と大幅に上昇しています。国選弁護人の選任数が56,061件から52,779件に減少しているのに、保釈された件数は1,411件から5,645件と大幅に増加していることからも、このことがみてとれます（三好・前掲13頁）。

このように、これまでは、資力の問題から保釈できなかった被告人についても保釈が可能になってきました。もっとも、後述しますが、（一社）日本保釈支援協会の保釈保証金立替事業や、全国弁護士協同組合連合会の保釈保証書発行事業は、被告人を契約者とすることはできません。そのため、頼ることができる人がいない場合には、これらを利用した保釈をすることはできませんので、保釈請求率については一定の段階で上昇が止まることになるでしょうし、保釈率もこの影響を受けることになります。

このほかに、後述のように裁判所の判断の変化により保釈が認められやすくなったことから、これまでは保釈が難しいと諦めていた事例について保釈をすることが増えたということがいえます。

イ 保釈許可率の変化の理由

保釈許可率は、保釈請求があった事件のうち、保釈許可決定が出された事件の占める割合ですので、保釈保証金が用意できるようになったことは、これに影響を及ぼすものではありません。

保釈許可率の変化は、刑事弁護活動の活発化、裁判官による保釈の運用の変化等があったことによると指摘されています。特に、裁判官による保釈運用の変化の嚆矢となったとされる（増田啓祐「保釈の運用」令状実務詳解1006頁）のが、大阪地方裁判所松本芳希判事（当時）による「裁判員裁判と保釈の運用について」ジュリスト1312号（2006年）128頁です。この論考が発表された2006年は、保釈率及び保釈許可率ともに底にあった時期です。この論考は、以前に比べ保釈基準そのものが厳格化した可能性があること、特に否認事件において「長年の運用により、判断基準が類型化、抽象化されている可能性がないかが再検討されるべきであろう。」と指摘し、否認・黙秘という被告人の供述態度について、あくまで罪証隠滅の主観的可能性を判断する一事情にすぎず、否認や黙秘の態度の身をとらえて直ちに罪証隠滅のおそれを肯定しているのであれば、判断基準が類型化、抽象化しているとの批判を免れるものではなく、罪証隠滅の客観的可能性の程度を実質的に考える必要があるとしています。

上記松本元判事の論考後の保釈の運用について、裁判官の各種論考によると、「否認等は罪証隠滅の主観的可能性に関する一事情に過ぎない。」「保釈実務では、被告人が否認ないし黙秘しているから直ちに罪証隠滅のおそれがあるなどという抽象的な判断手法は採られておらず、否認供述や黙秘は、事案の軽重等とともに罪証隠滅の主観的可能性をうかがわせる一事情に過ぎない。」（増田・前掲1008頁）、「現在の保釈実務において、被告人が『否認しているから罪証隠滅のおそれがある』『否認しているから保釈しない』などという抽象的・類型的な判断を裁判官が行うことは考え難い。」（梶山太郎「勾留・保釈の運用－裁判の立場から」刑事法ジャーナル52号（2017年）21頁）などの言及があり、松本元判事による論考が指摘した懸念について、改善している態度を示しています。実際このような考え方をとる裁判官が増えたことによって保釈許可率が上昇したと考えられます。しかし、他方で、罪証隠滅について、2019年３月末まで名古屋高裁部総括判事であった山口裕之元判事は、「刑訴法60条１項２号のそれを含め、具体的な虞が明らかになっていることを要するとする向きもあるようだが正しくない。筆者の経験に照らし、そんなことが捜査・訴追側に明らかになっていること等、まずめったにない。これを厳格に求めれば、およそ身柄など取れなくなってしまう。」と述べています（山口裕之「被告人の身体拘束－勾留と保釈」法学教室483号（2020年）11頁）。前記の松本元判事や、増田判事による論考は、このような見解を否定していますが、現在でもこのような態度をとる裁判官が少なからず存在することを裏付けているでしょう。このような解釈は、裁判官が保釈判断において主観的・恣意的判断をすることを許容するものであり、89条４号の原案が「罪証隠滅の虞」とされていたものについて「罪証を隠滅すると疑うに足りる相当な理由」と修正されたことを無視する誤った解釈といえるでしょう。

2 現状についての評価

（1）低すぎる保釈取消率

保釈率及び保釈許可率が、ここ15年で大きく上昇していることは、被告人の権利擁護という点からは、非常によい傾向であるといえます。特に否認事件において、第１回公判前に保釈がされている割合が2018年には11.9％まで上昇していることは、松本元判事による論考のように、裁判所が保釈について、抽象的にではなく、具体的に検討するようになってきたことが影響しています。

しかし、否認事件で第１回公判前に保釈になるのは、まだ11.9％しかないともいえます。従前に比べると保釈が認められてきていることは確かですが、とても十分な件数の保釈が行われているとはいえません。自白事件に比べて保釈されている割合が６分の１以下というのは、極めて問題であるといえます。

保釈件数に対して保釈取消しが行われた割合について、1980年に1.042％でしたが、それ以降は、１％を切り続けており、2019年に1.013％とおよそ40年ぶりに１％を超えました（趙誠峰「保釈の在り方－弁護の立場から」刑事法ジャーナル64号（2020年）41頁、「司法統計年報（刑事編）」（2020年））。しかし、保釈取消率が１％というのは極めて低い取消率であり、裁判所が極めて慎重に、抑制的に、保守的に保釈の判断をしていることの表れといえます。

保釈の許否の判断は、将来に関する予想的判断になるため、確実な予測というものはできません。保釈条件に反したときは、保釈が取り消され、さらに保釈保証金が没取されるという制裁がありますが、それでも、違反する人は出ています。この保釈取消しになる人をゼロにするとなると、そもそも保釈を認めないという結論になってしまうでしょう。仮に保釈が認められなかった被告人について、保釈が認められたとした場合に、その大半が逃亡したり、罪証を隠滅したり、保釈条件に違反することをしていたとはいえないでしょう。保釈取消率が低くなるように慎重に判断すると、必要以上に保釈の判断を厳しくすることになります。

保釈取消率を低くしようとするあまり、本来保釈されるべき人が保釈されないことは、極めて重大な人権問題です。

松本元判事による論考がいうように、89条４号該当性の判断において罪証隠滅の客観的可能性の程度について裁判所が、実質的に考え、判断をしているのであれば、このような保釈取消率の低さになるとは考え難いです。

（２）否認事件における保釈許可の遅さ

否認事件における保釈率は、全体の保釈率からみると低いですが、他方で、保釈率の推移については全体と同様の変化を示しています。すなわち、2000年代初頭に最も低くなり、そこから上昇に転じています。また、保釈率そのものについても、全体保釈率から３～５％程度低い数値にとどまり、極端に低くなっているとまではいえません。

しかし、最終的に保釈が認められるとしても、情状事件に比べ保釈の判断時点は遅いのが実態です。

前述のとおり自白事件で保釈が認められた事件のうち、第１回公判期日より前に保釈が認められたものが占める割合は、2002年に65.0％であったものが、2018年には77.8％に上昇しています。これに対して、否認事件の場合には、第１回公判期日より前に保釈が認められたものが占める割合は、2002年に34.5％であったものが、2018年の時点でもわずか41.8％です。

否認事件で第１回公判前に保釈が認められる割合が上昇していることは事実ですが、微増しているにすぎません。さらに、2005年11月より公判前整理手続の運用が開始されています。公判前整理手続を経る事件については起訴後、第１回公判が開始されるまで数か月を要します。公判前整理手続に付されていない事件と付された事件で、同じ「第１回公判期日以前に保釈が認められた」という言葉の指す時期が大幅にずれます。そして、現在多くの否認事件については、公判前整理手続に付されていることからすると、自白事件と比べ否認事件でも第１回公判期日より前の保釈が41.8％もあることを積極的に評価することはできません。

大阪地裁令状部で平成29年９月から平成31年３月までの間の公判前整理手続に付された事件、打ち合わせ期日であっても実質的に第一回公判前の整理手続を行っている事件及び公判前整理手続に付すことが見込まれる事件35件のうち、主要な検察官請求証拠に対する意見提出前に保釈許可が出されたものは13件ありますが（辛島明「令状１・近時における勾留及び保釈の運用等について」判例タイムズ1484号（2021年）12頁以下）、主要な検察官請求証拠に対する証拠意見提出前には、多くの事件では類型証拠の開示を求め、意見はその後になります。また、検察官証拠請求前に保釈許可決定が出されたものについても追起訴が何件も行われた後、最終の追起訴後、比較的早期に保釈許可が出されたにすぎないものもあります。したがって35件中13件が主要な検察官請求証拠に対する弁護人意見前に保釈許可決定が出されたことも積極的に評価することはできません。

後述の本章「２権利保釈除外事由（89条各号）」において指摘しますが、「罪証を隠滅すると疑うに足りる相当な理由」における「罪証」の範囲について、公判で争点となるものに限られるところ、公判前整理手続が進展していくことによって争点が明確になり、隠滅の対象となる「罪証」の範囲が絞られてくることがあります。そのため、起訴直後よりも公判前整理手続の終盤の方が、保釈は通りやすいのは事実ですが、その反面、争点が整理されるまでは保釈を認めないという方針をとっているかのような裁判官もいます。また上記辛島判事の論考で挙げられている事件のうち、主要な検察官請求証拠に対する意見提出前に保釈が認められたケースには争点がある程度絞られているものが多くあります。

被告人の防御権の適切な行使のために、否認事件は、保釈が認められる必要性がより強いものです。そして、適切な争点の絞り込みのためには、早期に充実した弁護人との打合せ等を行い、証拠を収集する必要があり、公判前整理手続の初期段階において保釈が認められるべきと考えます。少なくとも、争点が絞られるまでは保釈を認めないというような態度は、保釈の理解を誤ったものといえるでしょう。

否認事件における保釈許可は速やかに行われるように改められなくてはなりません。

（３）現状の保釈における保守的判断の原因

保釈について、裁判官が保守的な判断をする傾向にある理由については、保釈事故を恐れていることが考えられます。保釈無事故率が99％もあるにもかかわらず、著名事件で保釈事故が起こると、保釈判断が誤りであったなどという非難が起こります。世間からの非難だけではなく、検察官からも保釈判断の在り方に疑問を呈するような意見が出ています（小長光健史「保釈の在り方－検察の立場から」刑事法ジャーナル64号（2020年）33頁）。残念ながら裁判官がこのような批判を全く意に介さないことはないでしょう。前記辛島判事の論考では「保釈取消しに至ったなどの例があった場合は、その経緯や状況について受訴裁判所からのフィードバック等も受けながら、保釈に関する審査の仕方等を不断に見直し改善に繋げていく姿勢が大事である。」（辛島・前掲23頁）としています。しかし、保釈無事故率が99％もある現状において、わずか１％の保釈事故をもとに保釈に関する審査の仕方を見直す必要があるとは思えません。無事故率が99％もあるということは、本来保釈しても問題がなかった被告人について保釈を認めていないことです。この点に目を瞑って、保釈事故が起きたときに保釈の審査の仕方について見直す、すなわちさらに厳しく判断するというのは適切な態度ではありません。

そして、裁判官が、保釈において保守的な判断をすることが可能になっている原因が、保釈判断の理由が明らかにされないことにあります。実務上、保釈請求を認める多くの場合、「被告人の保釈を許可する。」とされるのみで、権利保釈に当たるのか裁量保釈に当たるのかすら明らかにされません。保釈請求を却下する場合には、「刑事訴訟法89条１号ないし６号に規定する権利保釈の除外事由に該当し、かつ、裁量により保釈することも適当ではない。」とされ、なぜ、権利保釈除外事由に該当するのかについての理由が明らかにされることはほとんどありません。裁判には理由を付すことが要求されています（44条）が、保釈に関する許否の判断は、迅速に示されることが要請されているため、定型かつ簡素な記載でも許されるとされ、実務上そのように扱われています。却下決定においては、権利保釈に関して権利保釈除外事由のいずれかに該当するとの判断が示されており、裁量保釈に関しては、90条所定の考慮要素を踏まえたうえでの判断が示されているため、44条が理由を求めた趣旨に反しないということです。

しかし、44条は、①裁判が合理的、客観的なものであることを担保し、当事者の納得を得る、あるいは批判を待つ、②上訴審による審査を適切、円滑に行わせることのほか、法の適正・妥当な行使がされていることを一般的に明示するために裁判に理由を付すことを要求しています（大コンメンタール刑訴法⑴〈第2版〉〔中山善房〕510頁）。

このことからすると、上記のような保釈の却下決定については、いかなる理由で権利保釈除外事由に該当すると判断されたか不明であり、裁判が合理的、客観的なものであることを担保するには足りないというべきでしょう。権利保釈除外事由に当たることについては、その判断プロセスが明らかにされなくては、適切に判断がなされたことが当事者には検証できません。それは、裁判所による恣意的な判断を容認する土壌をつくることになりかねません。

保釈許可決定の場合には早期の身柄解放のために、簡素な決定をすることも許容される余地はありますが、不許可決定の場合には、早期の解放の要請が働かず、判断過程が明らかにされることの要請が強く働きます。

（準）抗告がされた場合には、原審から上訴審に意見書が提出されますが、この意見書が作成できる以上、弁護人が（準）抗告を行うに際して、より充実した（準）抗告申立書を提出できるようにするために、不許可決定について簡素な決定ではなく、ある程度詳細な実質的内容を記載した不許可決定を出すことは、適切な判断を早期に行ううえで非常に有益であることからも、現在の運用が改められるべきと考えます。

また、保釈許可決定の場合に、権利保釈か裁量保釈かを明らかにされないことも大きな問題です。

権利保釈は、権利保釈除外事由が存在しない限り、保釈を認めなくてはならないものです。それは、被告人がいかなる人物であろうと、事件がどのようなものであろうと、権利保釈除外事由に当たらない限り保釈を認めなくてはならず、別途被告人を保釈することが相当であるかを検討することは許されないことを意味します。

そして、権利保釈に該当しない場合に、裁判所が、被告人を保釈することが相当であると判断したときに裁量保釈が認められます。

法は、権利保釈を原則として定めており、権利保釈が認められない場合に、裁量保釈としています。保釈は権利であり、それが認められない場合に、一種の「恩恵」として裁判官が裁量で保釈を認めるか判断することになります。

このプロセスを経ることで、否認事件であっても、「罪証を隠滅すると疑うに足りる相当な理由」等の存否を丁寧に検討し、保釈の許否の判断をすることができます。保釈の判断をするに当たり、権利保釈が認められるか否か、権利保釈除外事由がある場合に裁量保釈が相当かという二段階の判断を行っているのであれば、保釈許可決定において権利保釈であるか裁量保釈であるかを明らかにすることができるでしょうし、現に1952年から1980年までは、権利保釈と裁量保釈については明確に分けられており、統計も存在していました。しかし、それ以降は統計がなくなり、前述のとおり、保釈許可決定において「被告人の保釈を許可する。」とするのみで、権利保釈か裁量保釈かを明らかにしない運用が定着しており、二段階での判断を行わない土壌ができています。そして、その結果、権利としての保釈が、裁判所の恩恵としての保釈にすり替わってきています。

このことを裏付ける事情として、1952年から1980年まで保釈許可決定のうち権利保釈が占める割合は、70％から80％を移行していました。この頃は、保釈は権利保釈が原則と評価することができます。しかし、1980年を最後に、保釈許可決定のうち、権利保釈が占める割合は公表されなくなりました。そして、その後の運用に関しては、若干古い資料ですが、2004年１月１日から2008年12月31日までの大阪地裁本庁における準抗告事件のうち、89条１号に該当する事件、否認事件、公判前整理手続に付されている事件について保釈が認められた事件は52件ありますが、うち権利保釈が認められたのはわずか５件（長瀬敬昭「被告人の身体拘束に関する問題(1)」判例タイムズ1300号（2009年）72頁）でした（(準）抗告の決定においては権利保釈か裁量保釈は明らかにされます)。事件に絞りをかけているとはいえ、あまりにも少ない件数です。

趙誠峰弁護士は、自身が経験した限りで（準）抗告審の決定で権利保釈が認められたケースは１件もなかったと明らかにしています（趙誠峰「保釈の在り方―弁護の立場から」刑事法ジャーナル64号（2020年）44頁)。

また、筆者の個人的な経験ですが、裁判官から、保釈については、理屈を書くのではなく、保釈の必要性を具体的に書くことを勧められたことがあります。しかし、権利保釈が認められる場合には必要性は不要です。裁判官が保釈の判断において裁量保釈をベースとしていることがうかがわれる話で、印象的でした。

このように、権利保釈が原則として認められなくなったことによって、保釈判断がブラックボックス化していっています。そして、権利保釈であれば介入することができない「被告人を保釈すべきかどうか」という価値判断が、ブラックボックスとなった保釈の判断において、介入しているとの疑念が払拭されません。本章「２権利保釈除外事由（89条各号）」で詳述しますが、現行刑事訴訟法制定時に、「罪証隠滅の虞」との文言では、裁判官の恣意的判断を許すことになるのではないかとの懸念が示され、恣意的判断にならないために、「罪証を隠滅すると疑うに足りる相当な理由」とされました。しかし、現在の運用は裁判所の恣意的判断が可能な環境をつくっており、実際に恣意的な運用が行われているといえるでしょう。

裁判所が恣意的判断をしないために、裁判所はせめて権利保釈の場合には権利保釈であることを、裁量保釈の場合には権利保釈除外事由のいずれに該当するのかだけでも、明らかにすべきでしょう。

3 弁護人として

保釈率が上昇していること等からすると、一時期に比べて保釈が許可されやすくなっています。しかし、現時点においても耳目を集めるような事件や、悪質だとみられかねない事件、否認事件では保釈が認められにくい傾向が続いています。裁判官による「被告人を保釈すべきかどうか」というブラックボックスの判断を先行させないために、保釈が容易ではないと思われる事件であれば、権利保釈除外事由に該当しないことについて、除外事由の法的解釈を含め丁寧に書いていくことが必要でしょう。（準）抗告をされた場合に、理論的に弁護人の主張が認められるのではないかと裁判所に思わせることが必要です。

また、否認事件においては89条４号該当性について、争点が整理されていなくとも想定し得る争点について広めに挙げたうえで、これらについて「罪証を隠滅すると疑うに足りる相当な理由」がないことを説明し、争点の絞り込みが完了していなくとも、保釈することに問題がないことを指摘すべきです。一見報復行為いわゆる「お礼参り」を警戒しなくてはならない事件であっても、実際の「お礼参り」のリスクがどれだけ存在するのか、「お礼参り」防止のためにどのような手段をとっているかなどを説明していくことになります。

権利保釈が認められるべき事案では、権利保釈が認められることを丁寧に書くべきであり、最初から裁判所の「恩恵」に期待するのは、実質的に保釈の権利性を否定する流れをつくることになりかねません。裁判所の運用を改めていくためにも、原則として保釈が権利であることを堂々と主張していくことが大事でしょう。もちろん、それが当該案件の現実的な保釈の実現に資することはいうまでもありません。

そのうえで、保釈の必要性を論じていくことになります。権利保釈が認められるべき事案であっても、裁判所が権利保釈を認めない可能性もありますので、その場合であっても裁量保釈が認められるように保釈の必要性を論じることは重要です。

しかし、繰り返しになりますが、条文の正しい解釈からは権利保釈が認められ得る事案について、当初から裁量保釈を狙うのはふさわしい態度ではありません。

2 権利保釈除外事由（89条各号）

1 総論

89条は「保釈の請求があつたときは、次の場合を除いては、これを許さなければならない。」と定めています。89条各号に該当しない限り保釈は認められるものであり、保釈の権利性を明らかにしたものです。89条に基づく保釈について、一般的に「権利保釈」、「必要的保釈」と呼んでいます。

89条各号は、「公判廷への出頭確保が定型的に困難と思われる場合及び保釈されることによって、出頭の前提となっている刑罰権の適正な実現が困難になると予想される場合」（注釈刑訴(2)〈第3版〉107頁）について列挙していますが、逃亡をするおそれがある場合は除かれています。これは、保釈が保釈保証金を納付させるなどして、逃亡した場合にはこれを没取（保釈保証書の場合には債務を負わせる）という経済的苦痛を与えることを威嚇として、逃亡を防止するものであるため、除外事由にされていません。

保釈が取り消された後に、再度保釈請求をする場合においても、権利保釈の適用はあるとされています。もちろんこの場合には保釈保証金が大幅に増額されることになります。

第一審で禁錮以上の一部執行猶予又は実刑判決が宣告されたときは、控訴審では、権利保釈の適用がありません（344条）。無罪、免訴、刑の免除、刑の全部執行猶予、公訴棄却、罰金又は科料の裁判の告知があったときには、勾留状は効力を失います（345条）。ほとんどみられないケースですが、これらの裁判の告知がなされた後控訴され、改めて勾留決定がなされることはあります（最決平成12・6・27刑集54巻5号461頁〔28051453〕参照）。このときは、権利保釈の適用があります。なお、上記最高裁決定は、いわゆる東電OL殺人事件の第一審無罪判決後の控訴審における勾留決定です。第一審判決で十分な審理をして無罪が出ているにもかかわらず、事件について十分把握していない裁判官が勾留決定を出したことは極めて問題であると思われます。実際、東電OL殺人事件は、最高裁で無期懲役となったものの、再審無罪となりました。

2　1号ないし3号

(1)　1号

１号は、「被告人が死刑又は無期若しくは短期１年以上の懲役若しくは禁錮に当たる罪を犯したものであるとき。」としています。これは、過去に受けた判決ではなく現在の勾留の基礎となっている公訴事実の法定刑を基準にしており、裁判所の認定する犯罪を意味するものでもありません。

訴因変更があった場合には、変更後の訴因の法定刑を基準に判断します。訴因変更許可前については、訴因変更前の訴因の法定刑を基準にするとの裁判例があります（広島高決昭和47・７・３判タ282号282頁〔27940495〕）が、厳格に過ぎるとの批判がされています（大コンメンタール刑訴法⑵〈第2版〉〔川上拓一〕172頁）。

本号は、これに該当する法定刑の場合は有罪の判決がなされると相当の重たい罪に処せられるため、保釈保証金の担保によっては逃亡を防止できないと定型的に考えられるため権利保釈が認められないとされています。

(2)　2号

２号は、「被告人が前に死刑又は無期若しくは長期10年を超える懲役若しくは禁錮に当たる罪につき有罪の宣告を受けたことがあるとき。」とされています。これは１号と異なり、過去に受けた判決を指します。判決の確定は要さず、言渡しで足りるとされています（注釈刑訴⑵〈第3版〉〔河上和雄＝河村博〕124頁）。言渡しを受け、上訴し、本号に当たらない判決に変更されたときは本号の適用はありません（大コンメンタール刑訴法⑵〈第2版〉〔川上拓一〕173頁）。

本号は、有罪の判決がなされると実刑になる可能性が高いため、１号と同様に、保釈保証金の担保によっては逃亡を防止できないと定型的に考えられるため権利保釈が認められないとされています。

（3）3号

３号は、「被告人が常習として長期３年以上の懲役又は禁錮に当たる罪を犯したものであるとき。」とされています。

本号は、１号及び２号と同様に、そのような罪を犯した者は、一般的に保釈保証金の担保によっては逃亡を防止できないほどの危険性があるとして、権利保釈の除外事由として類型化したものとされています。なお、東京高決昭和29・７・15高刑特報１巻１号24頁〔27920197〕は、本号は、再犯防止のための規定であるとしていますが、勾留の目的に再犯の防止は認められていませんので、これは誤りと評価すべきでしょう。

本号の「常習性」の解釈については、注意が必要です。公訴事実が常習累犯窃盗など、常習性が構成要件となっている場合に限定されません。また、前科前歴に限られず、確定前の事件も含まれるどころか、起訴された事件の後になされた現在捜査中の事件であっても、その捜査資料を常習性の証拠とすることもできるとされています（高松高決昭和30・６・18高刑特報２巻13号656頁〔27930154〕）。しかし、本号が保釈保証金の担保によって逃亡を防止できないほどの危険性があるというためには、実刑の可能性が相当程度あることが要求されます。確定している事件であれば実刑の可能性が高くなるといえますが、現在捜査中にすぎないような事件がある場合に、実刑の可能性が高いということは困難であると思われます。捜査中の余罪等がある場合には、本号の趣旨を踏まえ、余罪について常習性の判断根拠にすることはできないことは指摘しておくのがよいでしょう。

常習性の対象となる犯罪は、同一構成要件のものに限られませんが、同種ないし同質の犯罪相互間であることは要求されます（大コンメンタール刑訴法⑵〈第2版〉〔川上拓一〕173頁）。例えば、常習とされる事件すべてが窃盗である必要はなく、強盗や横領も常習性の判断基礎とされます。

常習性の有無の判断について考慮すべき事情としては、①犯罪の反復に関するものと、②犯罪の態様に関するものに分けられます。

①犯罪の反復に関するものについては、繰り返される行為の回数、期間、間隔（頻度）、行為の同質性、共通性を総合して判断することになります。

同一構成要件のものについては、行為の同質性・共通性が認められやすく、異なる構成要件では具体的な内容を検討していくことになります。ただし、同種又は同質の犯罪相互間であることが要求されます。

②犯罪の態様に関するものについては、犯罪の行為態様それ自体が被告人の当該犯罪を反復する習癖を推認し得る事情となることなどを指します。具体的には、空き巣事件などでは、公訴事実記載の事件１件しか起こしていないので、連続して事件を起こしている可能性が高いと疑われます。また、性犯罪についてもそのような傾向があります。もちろん、これだけをもって、３号該当性が認められるということではありませんが注意が必要な類型です。

公訴事実記載の犯行が、はじめての犯行である場合においても、当該犯行を目して常習として犯したものといってもよいとする裁判例があります（前掲昭和29年東京高裁決定）。特殊ケースであり一般化すべきではありませんが、前科前歴がない場合でもフォローが必要なケースはあります。

このように、「常習性」の範囲に関する判断については、１号及び２号のような形式的判断ではなく、広くとらえられ、実質的な判断になります。他方で、３号該当性の判断においては、「常習性の判断に当たっても、保釈保証金では防ぐことができないほど逃亡のおそれが高いといえるかどうかという本来の趣旨を踏まえて、具体的な諸事情に照らして実質的になされるべきである。」と指摘されており（河村俊哉「権利保釈の除外事由としての常習性認定の基準」令状に関する理論と実務Ⅱ19頁）、３号該当性が問題となる事案では形式的に該当し得る場合であっても、この指摘を踏まえ、３号該当性を否定していくことになります。

3　4号

（1）総論

４号は「被告人が罪証を隠滅すると疑うに足りる相当な理由があるとき。」とされています。被告人の勾留の目的が、公判廷への出廷確保・罪証隠滅の防止と有罪判決がなされた場合の刑の執行のための身柄の確保にあるため、罪証を隠滅する危険性があるときは、勾留を解くべきではなく、権利保釈の除外事由とされています。

実務上、保釈において、「罪証を隠滅すると疑うに足りる相当な理由」の存否は非常に重要なウェイトを占めます。「１保釈を取り巻く現状について」において指摘したように、現在の保釈実務では権利保釈が認められることはほとんどありませんが、多くの場合、４号に該当するとされています。そのうえで、裁量保釈の判断においても、罪証隠滅の可能性が考慮されますので、保釈請求をするうえで、罪証隠滅の可能性についての検討をすることは必須というべきです。

「罪証を隠滅すると疑うに足りる相当な理由」の判断については、裁判官からは「罪証を隠滅すると疑うに足りる相当な理由の判断に当たっては、罪証隠滅の①対象事実、②態様、③余地（客観的可能性及び実効性）、④主観的可能性の各観点から検討するという理解が一般的である。罪証隠滅の可能性の程度については、確実性までは要求されていないが、抽象的なものでは足りず、上記観点から具体的に検討した結果として、ある程度高度の可能性（具体的可能性）のあることが必要」（増田啓祐「保釈の在り方―裁判の立場から」刑事法ジャーナル64号（2020年）29頁）と指摘されています。保釈請求においても、この点を意識して、論じていくことで説得的な内容となるでしょう。

（２）対象事実（「罪証」の範囲等）について

ここでいう「対象事実」とは、想定される罪証隠滅行為が立証しようとする事実であるかということです。つまり、「罪証」の範囲及びその重要性ということになります。

「罪証」の範囲に入らないものであれば、これに対して隠滅をする可能性がいくらあったとしても、権利保釈の除外事由にはなり得ません。また、「罪証」の範囲に含まれるものの重要ではない事実に関する罪証であれば、被告人が保釈されても、それをあえて隠滅する可能性は低くなります。

そこで、４号の「罪証」の範囲についてですが、勾留に関する60条１項２

号の「罪証」は、「当該事件において被疑者・被告人の罪責ないし刑責に影響を及ぼすおそれのある事実であり、具体的には構成要件に該当する事実、犯罪成立阻却事由又は刑の減免事由となる事実のほか、被疑者・被告人の刑責に影響を及ぼすような犯情その他の重要な情状事実が含まれる。」（石井伸興「罪証を隠滅すると疑うに足りる相当な理由」令状実務詳解294頁）とされています。間接事実が含まれるのはもちろんですが、これらの事実を証明する証拠の信用性に関する事実（補助事実）も含まれます。捜査段階では、検察官の立証構造は明らかではなく、ある程度、広く「罪証」の範囲がとられます。しかし、罪証隠滅の防止は、適正な刑事手続の運用のためのものであるため、適正な刑事手続に影響を及ぼさないものについては、「罪証」の範囲から除外されます。起訴段階で、検察官の立証構造がいったん明らかになっているところ、この検察官の立証構造を揺るがすことになる「罪証」が対象となります。特に、近年精密司法から核心司法へ転換が図られていますが、この流れは、保釈の運用にも影響を与えます。従前のような細部にわたる証拠については審理や判決で取り上げられず、当然犯罪の成否及び量刑に影響を与えるものではありません。そのため、保釈の判断に当たり、そのような細部にわたる事実の食い違いは、重要な事実ではない以上問題視すべきではないということになります（松本芳希「裁判員裁判と保釈の運用について」ジュリスト1312号（2006年）148頁）。

上述のように、検察官の立証構造を揺るがすことになるかどうかが判断のポイントになるため、これは、争点の設定とも大きく関係していくことになります。

公判前整理手続に付されている事件では、手続が進行していくと、争点が固まっていきます。そして、検察官請求証拠に対する弁護人の同意・不同意の意見やそれに応じた証人尋問の用意も明らかになってくれば、その事案における検察官の立証構造はさらに明確になってきて、隠滅の対象となる「罪証」も限定されてきます（梶山太郎「勾留・保釈の運用－裁判の立場から」刑事法ジャーナル52号（2017年）27頁）。公判前整理手続に付されていない事件であっても、打合せ期日の進行や公判の進行で、このように検察官の立証構造が明確になっていき、それに伴い「罪証」の範囲も限定されていきます。

「罪証」の対象となる情状についてですが、行為責任主義の観点から、具体的事案において量刑上重視されるべき事実は、犯情以外にはその範囲が限られています。例えば常習性について、重要な情状事実といわれることも多いですが、一般的に常習性が量刑に与える影響は大きくなく（大阪刑事実務研究会編著『量刑実務大系第２巻―犯情等に関する諸問題』判例タイムズ社(2011年)〔増田啓祐〕142頁参照)、常習性だけを根拠に罪証隠滅を疑うに足りる相当な理由を肯定するのは困難な場合が多いのではないかと指摘されています（増田啓祐「保釈の運用」令状実務詳解1008頁)。また、動機など一見重要な情状とされそうなものについても、犯罪の種類によっては重要な情状に当たらないこともあります。殺人や放火などの動機犯における犯行動機は重要な情状に関する事実に当たりますが、財産犯における犯行動機は必ずしも重要な情状に当たりませんし、また、罪体を否認している事件において、情状は罪体立証の重要な間接事実となることもありますが、財産犯の場合には推認する力は強くないといえます（安藤範樹「勾留請求に対する判断の在り方について」刑事法ジャーナル40号（2014年）14頁)。動機だからといって安易に「罪証」に含まれると考えるべきではありませんし、動機に関する「罪証」が隠滅の対象と想定される場合には、動機がいかなる位置付けに当たるのかを丁寧に分析することが有益でしょう。「罪証」に当たるかの検討において、情状に関する理解は重要です。

争点が絞られ、検察官の立証構造が明らかになってくると、対象となる「罪証」の範囲が限定されますので、これに対する罪証隠滅の可能性がないことの説明がしやすくなります。そのため、公判前に付されていない事件などで、保釈請求書で弁護人の公判における主張を明示し、争点を設定し、それに伴う「罪証」の範囲を限定することも考えられます。ただし、弁護人の主張を早期に固めてしまうことにもなります。情状事件においても犯情について依頼者の主張と検察官の主張が相反することもあります。検察官手持ちの客観的証拠と反してしまわないか、弁護人の公判における主張を出すことのリスクを踏まえて、争点を設定するかどうかを判断する必要があります。

ところで、勾留の基礎となっている事件のほかの非勾留事実について、罪証を隠滅すると疑うに足りる相当な理由があるときに、４号該当性が認められるかという問題があります。換言すると、「罪証」の範囲は、勾留事実に限定されるのかということです。勾留の効力は、勾留事実についてのみ生じているので、非勾留事実について、保釈の判断対象とすることはできないという見解が多くの判例がとる立場です。これは、非勾留事実が、勾留事実と一罪の関係にある場合も同様とされています（岡田健彦「保釈請求に当たって勾留状に記載されていない事実を考慮することの可否」令状実務詳解1018頁）。

「罪証」の範囲について厳密に検討すると思いのほか広くないということもあります。抽象的には「罪証」に当たると思われてしまうものでも具体的なケースでは「罪証」に当たらないことも多くあります。申立ての際には当該事件の「罪証」について事案に沿っていかなるものが想定できるか、「罪証」に当たらないものは何かを検討し、保釈請求書において指摘することも重要です。

（3）隠滅の方法

隠滅の方法については、既に存在する物品やデータ等を物理的に隠匿・毀損・滅失しあるいは内容を変更することが含まれることは当然です。検察官の証拠の信用性を弾劾する証拠をねつ造することも「隠滅」に当たります。検察官の証拠について、信用性を弾劾する余地がない証拠であるか、信用性の弾劾の可能性がある証拠であるかを考える必要があります。データ等の改ざんがイメージしやすいですが、そのようなものでなくとも、捜査機関の把握していない関係者等に働きかけて特定の内容の供述をするように口裏を合わせることも「隠滅」に当たるとされています。

このほかに、被害者及びその他の証人となり得る者に対して、威迫等によらずに働きかけることも「隠滅」に当たります。

ところで、被告人が自殺するおそれについて、「隠滅」に含まれるかという問題がありますが、現在では、被告人の自殺のおそれは４号の対象にならないとするのが一般的とされています（注釈刑訴⑵〈第3版〉〔河上和雄＝河村博〕125頁）。

捜査機関が把握できていない関係者等と特定の内容の供述をするように口裏合わせをすることも「隠滅」に当たるとの指摘がありますが（辛島明「令状１・近時における勾留及び保釈の運用等について」判例タイムズ1484号(2021年）13頁)、「罪証を隠滅すると疑うに足りる相当な理由」については、検察官が、被告人が罪証を隠滅する具体的・現実的可能性があることを明らかにする必要があるところ、捜査機関が把握できていない関係者と口裏合わせをすることは、ほとんどの場合、抽象的可能性であり、この指摘には大いに疑問があります。

（４）罪証隠滅の余地（客観的可能性及び実効性）

罪証隠滅の余地については、「一件記録からその事件の証拠構造等を把握し、嫌疑を裏付ける客観的証拠がどの程度収集されているか、供述証拠に頼るところが大きいとしても、被疑者・被告人と被害者その他事件関係者との間柄等に照らし、被疑者・被告人がこれらの者に働き掛けるおそれがどの程度あるか、働き掛けの余地がある場合でも、これらの者の属性や他の証拠による裏付けの存在等によれば働き掛けが実効的とはいえないのではないかなどの諸点から検討される。」（辛島明「令状１・近時における勾留及び保釈の運用等について」判例タイムズ1484号（2021年）13頁）とされています。

罪証隠滅の余地が全く認められない場合には、被告人がいかに罪証隠滅の意図を持っていたとしても罪証を隠滅することが現実的に不可能であるため、４号該当性は否定されます。そして、主観的可能性と異なり、証拠との関係において個別的に検討をしやすいといえます。そのため、４号該当性を否定するためには、最も重要なポイントであるともいえます。

後述しますが、否認や黙秘は主観的可能性の判断の一要素として扱われますので、否認事件においては、罪証隠滅の余地がない、仮に存在しているとしても極めて小さいことを指摘していくことが重要なポイントです。

罪証隠滅の余地は、対象となる「罪証」と隠滅の方法によって左右されます。具体的に想定される「罪証」とその隠滅行為の内容を踏まえることが必要です。一般的には、客観的証拠については隠滅の余地が狭く、供述については、客観的証拠ほど隠滅の余地は狭くありません。捜査機関が押収した客観的証拠を隠滅することは極めて困難でしょう。他方で例えば組織的犯罪において、認識等について関係者と口裏合わせをする形での隠滅行為については、関係者と連絡等をとることができるのであれば罪証隠滅の余地があると評価されやすいでしょう。５号とも共通しますが、被告人が証人となり得る者に対して働きかけをすることでの罪証隠滅をすることも考えられます。この場合には、当該人物と面識があるのか、共通の知人等を介しての連絡が想定できるのか等を考えていくことになります。供述証拠について、検討すべきポイントは、供述者の供述内容を裏付ける客観的証拠の有無、供述者との関係性や、連絡先等を把握していること等の接触できる可能性はもちろんですが、被告人に有利な供述をすることが供述者にとってどのような影響を与えるかということも検討すべきです。例えば共犯者においては、被告人にとって有利な供述をすることが、当該共犯者にとって自身の刑事責任を重くすることに繋がることもあります。この場合には、関係性にもよりますが、罪証隠滅の余地は狭いといえるでしょう。被告人と供述者との関係が近い場合には、一見働きかけが有効そうにも見えます。しかし、検察官が当該供述で立証しようとしている部分について客観的証拠の裏付けがある場合や、他の、被告人との関係が薄い人の供述で裏付けられる場合には、働きかけをして、供述が変遷したところで影響がないこともあります。また、専門家証人は、客観的証拠を前提として専門家としての知見に基づき供述をしていること、被告人と特段の関係を有していないことなどから、働きかけをしても実効性は乏しく、罪証隠滅の余地は狭いです。情状事件、否認事件を問わず、争点がどこにあるのか、どのような立証構造なのかを踏まえて、対象となる罪証と隠滅の方法を検討し、罪証隠滅の余地について具体的に述べていくことが重要です。

また、罪証隠滅の余地をなくす、減らすために、保釈条件と絡めて提案することも有益です。具体的には、保釈後に来客記録をとり、これを開示することや携帯電話の通話履歴の開示をすることなどがあります。裁判官面談で、弁護人としては罪証隠滅の余地をなくすための提案をぶつけ、裁判官から懸念事項があればそれを乗り越えるための工夫を重ねて提案することも考えられます。

（5）罪証隠滅の主観的可能性

罪証隠滅の主観的可能性は、被告人が保釈された場合に被告人が罪証隠滅行為に出る動機やメリットがあるかという観点から考察されます。

執行猶予が強く見込まれる事案であれば、被告人には、保釈保証金没取のリスクを負ってまで、わざわざ罪証隠滅行為に出るだけの動機やメリットがないでしょう。他方で有罪判決の場合で、ある程度長期の実刑が見込まれる事案においては、保釈保証金没取のリスクを負っても、罪証隠滅行為に出るだけの動機やメリットがあることになります。もっとも、刑が軽くても、背景にDVやストーカー等の問題がある場合には、被告人と被害者との関係によっては、罪証隠滅の主観的可能性の積極的要素とされかねません。

このほかの要素として、罪証隠滅行為が困難を伴う場合には、発覚のリスクが高くなるために罪証隠滅行為に出ることについては慎重になると指摘しやすく、主観的可能性を否定する要素にもなり得ます。

被告人が自白していて、関係者や犯行動機についてすべて隠さずに供述しているような場合や、それに加えて示談の申入れをしているような場合には、罪証隠滅の主観的可能性は低いとされます。これに対して、被告人が否認していることは、罪証隠滅の主観的可能性を裏付ける一要素にすぎません。具体的な供述状況と他の証拠を対照にしたうえで、罪証隠滅の意図に結び付くかを検討する必要があるとされています（梶山太郎「勾留・保釈の運用―裁判の立場から」刑事法ジャーナル52号（2017年）25頁）。なお、抽象的に主観的可能性が認められるものではないことは指摘しておくべきです。

否認事件における保釈許可率の低さ、保釈が許可されるにしても起訴後数か月かかることが多い現状を憂慮して、国会は平成28年の刑事訴訟法改正に伴い、裁判所に対して「保釈に係る判断に当たっては、被告人が公訴事実を認める旨の供述等をしないこと又は黙秘していることのほか、検察官請求証拠について刑事訴訟法第326条の同意をしないことについて、これらを過度に評価して、不当に不利益な扱いをすることとならないよう留意するなど、本法の趣旨に沿った運用がなされるよう周知に努めること。」との格段の配慮を求める附帯決議をしています（平成28年５月19日参議院法務委員会会議録14号16頁）。

（6）可能性の程度

上記の要素は、あくまで、罪証隠滅の可能性についての判断要素であり、これを踏まえたうえで、どの程度の可能性があれば４号に該当するかは別の問題です。

裁判官からは、罪証隠滅の可能性の程度としては、「確実性までは要求されていないが、抽象的なものでは足りず、上記観点から具体的に検討した結果として、ある程度高度の可能性（具体的可能性）のあることが必要であるとされている」との指摘があります（増田啓祐「保釈の在り方－裁判の立場から」刑事法ジャーナル64号（2020年）29頁）。しかし、立法経緯からすると、この基準も適当な基準と評価することはできません。

現行の刑事訴訟法の制定当時の議論になりますが、89条４号の原案は「被告人が罪証を隠滅する虞があるとき」とされていました。

この「虞があるとき」という文言では、恣意的な運用によって、保釈がほとんど認められなくなってしまうのではないかとの懸念が示されました。

これに対して、立案担当者である野木新一政府委員は、この規定についての解釈が裁判官の主観的な解釈によるものを許すのかということに対する答弁として、「判断は主観的と申しましょうか、裁判官が判断することになるわけでありますけれども、その判断は少くとも合理的でなければならない。その資料とするところのものは、だれが見てもその資料に基けば大体罪証を隠滅すると認められる場合というような場合でありまして、そういう場合においてはある意味で客観的と申せるかと思います。」としました（昭和23年

６月24日衆議院司法委員会会議録40号９頁）。しかし、本答弁を受けてもなお、「虞があるとき」では恣意的な運用を許す危険があり、「虞があるとき」ではなく、「疑うに足りる相当な理由があるとき」とした修正案を可決し、これが現在にまで受け継がれていることになります。

このことからすると、「罪証を隠滅すると疑うに足りる相当な理由」については、「だれが見てもその資料に基けば大体罪証を隠滅すると認められる」程度の理由が求められるというべきです。

現行刑事訴訟法は、このような経緯から「被告人が罪証を隠滅すると疑うに足りる相当な理由があるとき」とされたのに、いまだに「罪証隠滅のおそれ」との用語が頻繁に使用され、裁判官の論文の多くが、この用語を使用しています。そして、制定時の国会が危惧していたような裁判官の恣意的な判断によって保釈が認められないケースが頻発しているように見受けられます。「ある程度高度の可能性（具体的可能性）」というだけでは、主観的な要素に左右される部分も大きく恣意的な運用を防ぐことは難しいでしょう。

立法時の議論からすると、確実性までは要求されていなくても「だれが見てもその資料に基けば大体罪証を隠滅すると認められる場合」であることが要求されるというべきです。

4 5号

５号は、「被告人が、被害者その他事件の審判に必要な知識を有すると認められる者若しくはその親族の身体若しくは財産に害を加え又はこれらの者を畏怖させる行為をすると疑うに足りる相当な理由があるとき。」とされています。

本号は、罪証隠滅の典型的な事例である事件関係者に対する働きかけのうち、特に加害行為について定型化したもので、４号と別に定められていることから４号には該当しない事例について定型化したものとされています。

加害・畏怖させる行為については、実行の着手を要するものではなく、被害者や関係者が、被告人及びその意を受けた者の行為により、害を受けるか、又は畏怖することがうかがえる相当な理由があれば足りるとされていま

す（注釈刑訴⑵〈第3版〉〔河上和雄＝河村博〕126頁）。

５号の「相当な理由」についてですが、４号と同一文言を使用していることからすると、抽象的な「おそれ」では足りず、具体的・現実的な危険性があることが必要とされます。もともとは「相当な理由」ではなく「充分な理由」とされていましたが、昭和33年改正でより高度な現実的危険性を要求する「相当な理由」にされています。事案に照らして、①当該証人がいかなる事実を立証するか、②威迫等の余地（客観的可能性及び実効性）、③主観的可能性から検討することになります。

対象となる証人について、罪体に関する証人に限らず、情状証人を含むとする裁判例（大阪高決昭和37・11・14高裁刑集15巻８号639頁〔27915164〕）がありますが、５号も４号と同様に罪証隠滅の防止のための規定であるところ、４号と同様に、情状に関しては重要な犯情についてのみ対象となるというべきでしょう。「親族」の範囲については、内縁を含まないとする見解が通説的見解ではありますが、内縁関係を含むという見解も有力に主張されていますし、また、内縁関係を含まないとしても、内縁関係者に対する加害行為は、被害者等本人を畏怖させるものと認められることもあります。威迫等の余地及び実効性については、証人等と面識があるかどうか、関係性、証人がどのような人物であるか、生活検討が重なっていないか等から具体的に検討することになります。証人と面識がなく、連絡先もわからないという場合には、具体的に威迫することが困難でしょうし、また、証人が警察官などである場合には、被告人が威迫することは困難でしょう。被告人と証人に上下関係がある場合などは、威迫が可能という方向に働きます。もっとも、これらの要素だけではなく、被告人について威迫をすることができる人物であるかということも考える必要があります。４号と同様に、否認や黙秘は、主観的可能性の一要素にすぎません。否認の場合には、その供述内容を踏まえることになります。

「相当な理由」の程度についてですが、４号と同様に、誰がみても被告人が当該行為に出るといえるだけの蓋然性が要求されるというべきです。なお５号該当性については４号よりも高度な現実的危険性を有するという指摘もあります（丹治初彦編著『保釈―理論と実務』法律文化社（2013年）89頁）。

5　6号

6号は「被告人の氏名又は住居が分からないとき。」としています。これは、氏名又は住所が不明であれば公判への出頭確保が困難になることから設けられた規定です。住居が不定の場合にも「住居が分からないとき」に該当します。被告人が黙秘をしていても、裁判所が他の事情から氏名及び住所を知っている場合には、6号には該当しません。

保釈に際して、住居がわからない被告人について、身元引受人がいるだけでは6号に該当するとされています。家出をして、長期間音信不通の状態でホームレスになっていた被告人について、被告人の両親が被告人の身元を引き受けて、被告人の出頭を確保しても、被告人の住居がわからない状況にあり6号に該当するとされています（東京高決昭和59・10・30刑裁月報16巻9＝10号697頁〔27915634〕）。

ただし、身元引受人の存在は、被告人の出頭の見込みを高める事情として、裁量保釈の判断資料になり得ます（辻井由雅「刑訴法89条6号の『住居が分からないとき』の意義」令状に関する理論と実務Ⅱ22頁）。

3 裁量保釈について

1 平成28年刑訴法改正

裁量保釈を定める90条は、平成28年改正前は「裁判所は、適当と認めるときは、職権で保釈を許すことができる。」という規定でしたが、改正後、「裁判所は、保釈された場合に被告人が逃亡し又は罪証を隠滅するおそれの程度のほか、身体の拘束の継続により被告人が受ける健康上、経済上、社会生活上又は防御の準備上の不利益の程度その他の事情を考慮し、適当と認めるときは、職権で保釈を許すことができる。」という条文に生まれ変わりました。「適当と認めるとき」というブラックボックスだった条文の文言が、「保釈された場合に被告人が逃亡し又は罪証を隠滅するおそれの程度のほか、身体の拘束の継続により被告人が受ける健康上、経済上、社会生活上又は防御の準備上の不利益の程度その他の事情を考慮し」と考慮事情を明記するようになったのです。これは、従来の運用を変更するものではなく、実務上確立した考慮事情を明確にしたものにすぎないとされていますが（三井誠ほか編『新基本法コンメンタール刑事訴訟法〈第3版〉』日本評論社（2018年）〔鈴木巧〕128頁）、そうだとしても、裁判所と弁護人の間で共通の指標ができ、同じ土俵で議論ができるようになった意義は大きいと思われます。

以下、それぞれの考慮要素と考えられる疎明方法についてみていきます。

2 弁護人が主張すべき裁量保釈の考慮事情

（1）逃亡のおそれの程度

ア まず前提にすべきこと

逃亡のおそれの程度を考えるに当たっては、93条2項が、保釈の「保証金額は、……被告人の出頭を保証するに足りる相当な金額でなければならない。」と規定していることから出発するべきでしょう。すなわち、同項が保釈保証金額の設定に当たって、心理的に逃亡できない程度の金額を定めるべきだと規定していることから、逃亡の主観的な可能性については、たとえ事案が重大であるといわざるを得ないようなケースであっても、それは保釈保証金で担保すべき問題であると主張すべきです。

イ 事案の重大性

逃亡のおそれを判断する際には、事案の重大性が考慮されます。これは、事案が重大であればあるほど逃亡する動機が増大する一方で、事案が軽微であればあるほど逃亡まではしないだろうという一般的な経験則に裏付けられていると思われます。この事案の重大性は、単に罪名が重いか軽いかという問題だけではなく、想定される判決が重いか軽いかという観点から判断されます。そうすると、たとえ殺人罪であったとしても例えば介護殺人のように量刑傾向上、執行猶予付きの判決が十分にあり得るような場合には、逃亡のおそれを低下させる事情になり得ます。一方で暴行や条例違反等の法定刑が比較的軽微な犯罪であったとしても、執行猶予中である、累犯であるなどの事情によって実刑判決が見込まれる場合には、むしろ逃亡のおそれがあるという事情になりかねません。この点は罪名の軽重だけではなく、想定される判決の軽重を考慮してそれに応じた主張をするべきでしょう。なお、裁判員裁判対象事件であれば、裁判所で量刑検索システムを利用することによってどのような判決が予想されるのかを具体的に主張することが可能になります。

ウ 家族状況等

例えば、依頼者を逃亡しないように監督してくれる（一緒に生活してくれる）家族等の存在があれば、そのような存在がない人に比べれば逃亡するおそれは低下するといえます。また、依頼者の家族は依頼者だけが働いており、親、配偶者、子どもなどの生計が依頼者に依存しているような場合、依頼者以外に養育する人がいない等の事情があれば、通常、そのような生計を依存している人を捨てて逃亡することは考えにくいという経験則があるため、これらの事情は逃亡のおそれを低下させる事情であると主張することが可能です。

家族状況等については、依頼者からその情報を聞き出したうえで、その家族からお話を聞いて陳述書にしたり、電話聴取書という形で疎明することが可能です。前記のような事情がある場合には、具体的な月々の収入や支出、依頼者が担っていた具体的な養育状況について聞き取りをしたうえで、疎明資料に盛り込むことが必要です。なお、家族の有無等については非常に繊細な話題ですので、依頼者から聞き取りをするときには細心の注意を払いましょう。筆者は、初回接見で家族のことも聞きますが、話題としては最後の方にし、「もし嫌でなければ」「もし可能であれば」「家族についてもお聞きしてもよろしいでしょうか」等の聞き方をします。それまでの会話で依頼者から家族の話題が出ていれば「先ほどおっしゃっていた家族の方ですが……」等それにつなげて聞くようにしますが、家族の話題が全く出ない場合には、家族との関係で重大な問題を抱えている方もいらっしゃいますので、一定の配慮が必要ではないかと考えています。

エ 生活状況

依頼者が定職についていた場合には、その定職によって定期的に収入を得られるという重大な利益があり、通常そのような地位を捨てて逃亡するとは考えにくいため、定職に就いているという事情は逃亡のおそれを低下させる事情であると主張することが可能です。

また、依頼者が持ち家を購入しているような場合には、賃貸とは違い、大きな出費をしたうえでそこに定住する意思の表れであり、そのような多大な出費をした持ち家を捨てて逃亡し、さらに費用をかけて別の場所で生活するということも考えにくいため、持ち家を持っているという事情は逃亡のおそれを低下させる事情であると主張することが可能です。

さらに、持病等を持っていて、主治医が決まっており定期的に通っている病院があるような場合には、そのような環境を捨てて全く別の場所で生活することは自身の健康上のリスクにもなりかねませんので、このような事情は逃亡のおそれを低下させる事情になります。

これらの事情については、依頼者の誓約書に盛り込んだり、依頼者の家族の話として陳述書で疎明するという方法が可能です。また、依頼者の許可がある場合には、職場に連絡をして陳述書や電話聴取書の形で、依頼者が定職に就いていることを疎明することも可能です。なお、なかには職場に知られたくないと考えている依頼者もいますので、職場に連絡をするときは必ず依頼者の許可を得てからにしましょう。

（2）罪証隠滅のおそれの程度

ア 罪証隠滅の対象

罪証隠滅の対象となる事実は犯罪事実（罪体）と重要な情状事実（犯情）であるとされています。起訴前勾留とは異なり、保釈請求の段階では検察官が起訴した事実（公訴事実）とその立証構造が明らかになっているため、罪証隠滅の対象は弁護人からも把握しやすいといえます。そして、「保釈の判断に際して罪証隠滅の対象として考慮すべき犯罪事実は、公訴事実やその立証に必要な事実関係に限定されている」（増田啓祐「保釈の運用」令状実務詳解1008頁）とされていますので、その対象を特定したうえで、公訴事実とその立証構造から、それがどのように隠滅され得るのか、換言すれば、弁護人からみてどのようにすれば罪証隠滅はされないといえるのかという点について説得的な対策を立てる必要があります。また、重要な情状事実（犯情）についても、「保釈の判断の際に罪証隠滅が問題となるのは、検察官が当該事案において立証予定の事実に限定される。」（増田・前掲同頁）とされているため、公訴事実から検察官が主張するであろう犯情事実を的確に把握し、それに対する罪証隠滅の可能性や実効性について論じるべきでしょう（なお、増田・前掲同頁には、常習性が重要な情状事実に当たるかという点について「常習性が量刑に与える影響はそれほど大きくないことが多いと思われ、これだけを根拠に罪証隠滅のおそれを肯定するのは困難な場合が多いのではなかろうか」という指摘がなされています）。

イ　罪証隠滅の主観的可能性

特に依頼者が否認していたり、黙秘していたりする場合に、罪証隠滅の主観的可能性があると認められてしまうことが多いです。この点、裁判所は、被告人が否認していたり、黙秘しているという事実それだけをもって罪証隠滅のおそれがあるという判断はしておらず、それらの事実は罪証隠滅の主観的可能性をうかがわせる一事情にすぎないとしています。そして、それらの事情と罪証隠滅行為の態様、現実的可能性や実効性についても併せて判断しているとしています（増田・前掲1009頁）。この点の弁護実践については、「３否認事件における裁量保釈」で詳述します。

ウ　罪証隠滅の客観的可能性と実効性

検察官が設定した公訴事実を前提に、どのような罪証隠滅行為が可能なのか、その罪証隠滅行為は現実的に可能なのか、その罪証隠滅行為によって本当に罪証は隠滅されるのか、その罪証隠滅行為によって公訴事実の立証にどのような影響を与えるのか（実効的であるといえるのか）という点が考慮されなければなりません。そして、起訴前勾留とは異なり、既に検察官が立証すべき事実とその証拠を確保していることも前提とされなければなりません。したがって、保釈請求が起訴後になされていることを考えれば、その時点での罪証隠滅の客観的可能性と実効性はかなり限定的だと考えるべきです。

エ　留意点

起訴後の罪証隠滅の程度については、訴訟の進行によって異なってくることに留意しなければなりません。すなわち、証拠意見が出ていない第１回公判期日前の状況と、公判を経て証拠調べが進んでいる状況では罪証隠滅の可能性も実効性も全く異なるといえるでしょう。したがって、保釈請求をする際には、どの程度証拠調べが進んでいるかという点も重要な要素となりますので、この点にも留意しつつ保釈請求を行うべきでしょう。

なお、これを前提にすると、書証に同意すれば罪証隠滅の可能性が低下し、同意しなければ当該証人の証人尋問をするまで罪証隠滅の可能性が残り続けるということになります。結局、公訴事実を認めて同意をすれば保釈につながり、認めずに同意をしなければいつまでも勾留されるということになりますので、勾留や保釈で罪証隠滅を要件にする法制度自体が、いわゆる人質司法だとの誹りは免れないでしょう。これを早期に削除する法改正が望まれます。

(3) 健康上、経済上、社会生活上の不利益の程度

ア 健康上の不利益

健康上の不利益としては、依頼者が何らかの病気に罹患しており、このまま身体拘束が継続されて適切な医療措置を受けられない結果、当該病気が重篤化してしまう可能性があることなどが挙げられます。

この場合には、まず、留置場や拘置所で受けている医療措置の内容を依頼者から聞き出し、その妥当性等について依頼者の主治医に連絡をして聞き取る必要があります。留置場や拘置所で受けている医療措置が十分であることはほとんどないので、そのまま適切な医療を受けられなかったらどうなるかという点についても聞きましょう。そして、その聞き取りの結果を陳述書や電話聴取書の形で疎明資料とします。医師は多忙であり、面会時間をとって何度か足を運んだうえで陳述書を作成するというのでは時間がかかり過ぎてしまうことが多いので、筆者は後で検察官や裁判官から確認の電話が来ることがあり得ることを医師にお伝えしたうえで、電話聴取書の形で疎明することが多いです。

イ 経済上の不利益

経済上の不利益としては、依頼者が自営業を営んでいるなど、依頼者が仕事に復帰しなければその事業や会社の継続が困難になったり、その資金繰りが悪化してしまうおそれがあることなどが挙げられます。

この場合には、当該事業や会社で働いているほかの従業員や依頼者をサポートする立場にある人から話を聞いたり、また、顧問税理士などから資

金繰り等について聞いたりして、その聞き取りの結果を陳述書や電話聴取書の形で疎明資料とします。

ウ　社会生活上の不利益

社会生活上の不利益としては、重要な受験や就職活動、大学卒業の単位を取得するための試験が控えていることなどが考えられます。

この場合には、依頼者本人からその重要性を聞いて本人の陳述書を作成したり、家族の陳述書を作成したりする形で疎明資料とします。

（4）防御準備上の不利益の程度

例えば、裁判員裁判は、連日にわたって開廷されますので、我々弁護人は依頼者とその都度に十分な打合せをしなければなりません。しかしながら、依頼者が身体拘束されているままですと、裁判を終えてから拘置所で接見できる時間はわずかですし、夜間接見を申し込んだとしても時間は限られています。特に、裁判所と拘置所の間に距離があるような場所では、依頼者が身体拘束されたままだと十分な打合せが困難だといえます。さらに、裁判員裁判対象事件では、公判期日だけではなく、公判前整理手続の時点から検察官から膨大な証拠が開示され、それを弁護人も依頼者も全部見たうえで打合せをする必要があります。その打合せでは、一緒にたくさんの証拠を参照しながら議論することが必要になりますが、依頼者が身体拘束されていると、アクリル板があって一緒に参照するということ自体が困難になりますし、接見室に持ち込める証拠の量にも限界があります。したがって、裁判員裁判対象事件では、そもそも依頼者が身体拘束されたままだと十分な防御ができないといえます。

また、裁判員裁判対象事件ではなくても、通常の否認事件でも全く同じことがいえます。依頼者と一緒に図面に書き込みながら議論したり、一緒に現場に行ったりして事件を検討することは、否認事件では必要不可欠といえます。

さらに、量刑を争う事件であっても、例えば、被害弁償のために就労を継続して、一括で支払えなくても毎月の給料から分割して被害弁償を行ったり（なお、被害弁償を行うことが、量刑に関する防御準備であるといえるほか、被害者の救済という見地からも保釈に向かう事情であると指摘する論文として、辛島明「令状１・近時における勾留及び保釈の運用等について」判例タイムズ1484号（2021年）22頁がある。同時に、「もっとも、被害弁償のために被告人が保釈されることが必要という関係が求められる。さらに、相応に重い量刑が予想される事案では、被告人が釈放された後の被害弁償に向けた道筋ができる限り具体的に示されることも重要であろう」としている。）、再犯可能性を低下させる事情や真摯な反省の現れとして依存症のクリニックに通って自身の行為依存と向き合い、再犯防止策を講じたりすることなど、防御のために準備しなければならないことはありますが、これらは保釈されていなければ実現できません。

以上にみた防御のための準備は、裁判官が具体的に理解できていない、想像できていない場面でもあります。したがって、留置場や拘置所での時間制限、距離的な制限、証拠の量、一緒に議論することの困難さ、被害弁償のために就労を継続して給料を得続けることや依存症のクリニックに通うこと等の重要性を可能な限り具体的に保釈請求書に盛り込むべきでしょう。

（５）その他の事情

その他の事情としては、依頼者に介護や養育を必要とする親族等がいたり、依頼者がいなければ当該親族等の生活が困難に陥ってしまう場合や、依頼者が事件関係者を逆恨みして報復行為をする場合などが想定されているようです（後藤昭＝白取祐司編『新・コンメンタール刑事訴訟法〈第3版〉』日本評論社（2018年）〔緑大輔〕209頁）。また、権利保釈が認められない場合であっても、特別な事情で裁量保釈を認めるような場合には、「その他の事情」に含まれます。例えば、平成28年刑訴法90条改正前の事案ですが、「被告人が刑訴89条４号、６号所定の事由に該当する場合であっても、検察官の立証がほぼ終了し、自分の刑事責任とは無関係の相被告人の事件の審理に長期間を要する等の事情がある場合には、裁量による保釈を認めるのが相当だと判示した」（後藤＝白取・前掲〔緑〕209頁）東京高決昭和60・４・11判時1179号152頁〔27930748〕があります。

（６）以上の考慮事情と保釈条件・保釈保証金の関係

以上の考慮事情を検討した結果、逃亡や罪証隠滅のおそれが多少残るとしても、それは保釈条件を工夫することや保釈保証金で本当に担保できないところなのかという点等を保釈請求書や裁判官面接などで裁判官を説得するべきでしょう。すなわち、当該事案において、依頼者にとって逃亡や罪証隠滅等をすることが困難だと思われるような保釈条件を考えたり、保釈保証金の設定に当たって、依頼者にとって逃亡や罪証隠滅等を思いとどまらせるに十分な金額であることを、依頼者の経済状況等も踏まえた疎明資料を作成し、裁判官を説得することが重要です。

３ 否認事件における裁量保釈

（１）平成28年刑訴法改正の際の附帯決議

保釈の判断において、否認事件と事実関係を認める事件を峻別することは非常にナンセンスですが、裁判所は明確に判断を分けていますので、あえて否認事件を取り上げて論じることにします。

平成28年刑訴法改正の際には、附帯決議がなされています。すなわち、平成28年刑訴法改正の趣旨が「政府及び最高裁判所は、本法が度重なるえん罪事件への反省を踏まえて重ねられた議論に基づくものであることに鑑み、その施行に当たり、次の事項について格段の配慮をすべきである。」としたうえで、保釈については、「保釈に係る判断に当たっては、被告人が公訴事実を認める旨の供述等をしないこと又は黙秘していることのほか、検察官請求証拠について刑事訴訟法第326条の同意をしないことについて、これらを過度に評価して、不当に不利益な扱いをすることとならないよう留意するなど、本法の趣旨に沿った運用がなされるよう周知に努めること。」という決議がなされています。裁判所は、平成28年刑訴法改正で裁量保釈が改定されたのは、既にみたように従来の運用を明文化したものだと受け止めているようですが、従来の運用が不十分であったと立法府が考えていることをこの附帯決議が示しているといえるでしょう。裁判所は、従来の運用からさらに進んで、特に否認事件において積極的な保釈をしなければならないというべきです。

（2）実務の現状

しかしながら、実務の現状は特に変わっている印象はありません。この附帯決議がなされた後でも、否認事件で起訴後すぐに保釈されるケースは多くありません。検察官立証が終了するまでは保釈しない、という運用が根強く残っています。後述する最高裁で被告人を保釈する方向で特別抗告が認容されたケースはこの附帯決議がなされた平成28年刑訴法改正前ですが、いずれも公訴事実を認めて証拠に同意していたり、審理が一定程度進んでから認められたものです。

筆者が経験したケースでも、暴行の否認事件で、仮に有罪になったとしても罰金刑だと思われるのに（実際に第一審判決は罰金刑でした）、勾留請求却下されたものの検察官の準抗告でひっくり返り、起訴されてからは、第1回前、第1回終了直後にそれぞれ保釈請求をしました。しかし、検察官が主張している暴行態様は、すべて動画の形で証拠化されていたにもかかわらず、いずれも認められませんでした（なお、弁護側はその動画を見ても暴行に当たらず、暴行の故意もないという主張をしていました）。その理由は、親族との間で罪証隠滅のおそれがあるということでした。この点、「親族については、被告人への情実などから被告人に有利な供述に転じる可能性が考えられないではないが、大事なのは、その主要な供述部分がどういった程度歪められ、公判の審理にどのような支障が生じるおそれがあるのかを、他の有力な証拠（親族以外の関係者の供述、親族の供述の裏付けともなり得る客観的証拠等）の有無や、親族の検察官調書の内容・重要性等も踏まえ、具体的に考察することである。その結果、検察官の立証構造の根幹に有意な影響が及ぶことが想定しづらいようであれば、被告人と親族との接触は必ずしも実効的な罪証隠滅には繋がらないということもいえるであろう。」という指摘がありますが（辛島明「令状１・近時における勾留及び保釈の運用等について」判例タイムズ1484号（2021年）18頁）、このケースでは、裁判官がそのように具体的に考察をしたという形跡はありませんでした。

結局、依頼者は４か月経過して第３回公判において検察官立証が終了したところでようやく保釈が許可されました。その間、生まれてからずっと養育していた当時２歳だった子どもと会うことはできませんでした。しかも、結局、有罪の根拠とされたのは、第１回公判で弁護人が同意ないし取調べに異議がないとして取り調べられた証拠のみで、第２回で取り調べられた証拠も第３回で取り調べられた証拠も有罪とする根拠には用いられませんでした。依頼者は無駄に勾留されたといわざるを得ませんが、これに対して、裁判官が責任をとるシステムはありません。

何より深刻なのは、保釈が認められないことによって積極的な防御を放棄せざるを得ないことです。依頼者は、否認を維持しつつも、当時２歳の子どもを気にかけていたことから保釈されることを優先順位の最上位に掲げていました。その希望を叶えるために、時間がかかることになってしまう公判前整理手続の請求は諦めざるを得ず、任意に証拠を開示するという不十分な形で証拠開示を受けるしかありませんでした。親族に接触して罪証隠滅を図るおそれがあると指摘されていたので、親族をこちらの証人として請求する可能性もありましたが、早々にその可能性を放棄すると宣言せざるを得ませんでした。検察官が突然、もともと請求証拠にもなかったにもかかわらず、医師の尋問を請求してきた時も、本来であれば十分に証言内容の事前開示をさせるか、反対尋問を別日にしてもらって対策を練るべきでしたが、早期釈放を望む依頼者の強い希望で不十分な準備のまま反対尋問に臨まざるを得ませんでした。そのため、医学的におかしいと思われる医師の証言も、弾劾されないまま記録に残るという事態が発生してしまい、刑事裁判が真実発見の場とはならなかったのです。

これらは、権利保釈除外事由に「罪証を隠滅すると疑うに足りる相当な理由」が規定され、裁量保釈の要件に「罪証隠滅のおそれ」が規定されているために発生した弊害です。もし依頼者が釈放されていれば、十分に医師の尋問を準備し、若しくはこちらから医師を証人尋問請求することなどによって、医学的におかしい証言を弾劾し、医学的に正しい事実が法廷に顕出されていたでしょう。保釈が認められなかった結果、歪んだ事実が法廷に顕出されたままになっていたのです。本来であれば、検察官と弁護人がそれぞれ十分な証拠を持って意見をたたかわせてはじめて真実発見が目指せるはずですが、現状は、検察官の一方的な主張を真実視し、弁護人や被告人がとるべき防御のための活動を「罪証隠滅のおそれ」があるとして禁止しています。これが被疑事実を認める事件であれば、現在の運用を前提にすると、そもそも勾留さえされなかった可能性が高く、公判請求もされずに略式請求で済んでいた可能性が高いでしょう。そのためこのケースも、依頼者が何よりも釈放を最優先に掲げていた場合には、本当はやっていないのに虚偽の自白をしていたかもしれません。

身体拘束は、真実を歪めるのです。

否認事件では、保釈されてはじめて対等な状態で真実発見のための訴訟活動ができるのです。裁判官がそのことを理解しない以上、この国から冤罪はなくならないでしょう。

(3) 弁護人として主張していくべきこと

否認事件では、まず上記のようなことを伝えるべきでしょう。そして、公訴事実と立証構造を的確に把握し、罪証隠滅を疑われないための最大限の方策を練って提案するべきです。

なお、このことは公訴事実を争わない、いわゆる量刑事件でも変わりません。あくまで公訴事実と立証構造から罪証隠滅を疑われないための最大限の方策を練って提案するべきであり、「被告人は認めている」とか「公訴事実は争わず、すべて同意する」といった内容は保釈請求書に書くべきではないと考えています。我々弁護人がこのようなことを書くため、「認めている、同意する＝罪証隠滅のおそれなし＝保釈を認める」「否認している、同意しない＝罪証隠滅のおそれあり＝保釈を認めない」という構図が生まれてしまうのです。我々弁護人が、このような主張をすることによって、人質司法に加担してしまうことになります。量刑事件でも否認事件でも、依頼者の供述態度ではなく、あくまで公訴事実と立証構造を前提にした罪証隠滅の具体的可能性がないこととその実効性もないことを柱に、そのうえで罪証隠滅を疑われないための最大限の方策を練って保釈条件を提案し、そのことだけを保釈請求書に記載しましょう。

4　参考になる被告人を保釈する方向で特別抗告を認容した最高裁決定

（1）最決平成24・10・26裁判集刑308号481頁〔28182549〕

ア　公訴事実の要旨

被告人が、平成22年10月、路上で、当時12歳の女児に対し、いきなりその背後から抱きつき、着衣の上から左乳房を右手で触って押さえつけるなどのわいせつな行為をしたというもの。

イ　決定要旨

「一件記録によれば、被告人には刑訴法89条３号及び４号に該当する事由があると認められ、常習性も強い事案であると考えられるが、被告人は、本件公訴事実について捜査段階から認める供述をしており、弁護人も本件公訴事実を争わない予定であるとしていること、被告人は、本件の起訴に先立ち、平成22年７月から平成24年５月までの本件と同種の５件の強制わいせつ事件（以下『先行事件』という。）でも起訴されているところ、本件は、それらの事件の間に行われた事案であること、被告人は、先行事件の公判で、先行事件全てにつき公訴事実を認めており、検察官請求証拠についても全て同意をして、その取調べが終了していること、本件の原々審が被告人の保釈を許可したのと同日付けで、先行事件の公判裁判所も先行事件につき保証金額を各75万円（合計375万円）と定めて被告人の保釈を許可する決定をしていること（なお、各保釈許可決定に対する検察官の抗告はいずれも棄却され、確定している。）、被告人に対する追起訴は今後予定されていないこと、被告人の両親らが被告人の身柄を引き受け、公判期日への出頭確保及び日常生活の監督を誓約していること、被告人は、釈放後は本件犯行場所からは離れた父親の単身赴任先に母親と共に転居し、両親と同居して生活する予定であること、被告人は、現在勾留先で受けている臨床心理士のカウンセリングを釈放後も受け続ける意向を示していること、これまでに前科前歴がないこと等の事情がある。

以上のような本件事案の性質や証拠関係、先行事件の審理経過、被告人の身上等に照らすと、保証金額を75万円とし、本件の被害者及びその関係者との接触禁止などの条件を付した上で被告人の保釈を許可した原々審の裁判は、その裁量の範囲を逸脱したものとはいえず、不当ともいえないから、これを取り消して保釈請求を却下した原決定には、刑訴法90条の解釈適用を誤った違法があり、これが決定に影響を及ぼし、原決定を取り消さなければ著しく正義に反するものと認められる。」

（2）最決平成26・3・25裁判集刑313号319頁〔28221974〕

ア 公訴事実の要旨

被告人が、平成25年７月及び同年８月の２回にわたり、リゾートマンションの被告人の部屋において、当時21歳及び当時25歳の女性に対し、睡眠導入作用を有する薬物を混入した料理を食べさせ、同薬理作用により抗拒不能の状態に陥らせて姦淫したというもの。

イ 決定要旨

「一件記録によれば、被告人には刑訴法89条１号、３号及び４号に該当する事由があると認められる。しかし、被告人は、原々決定までに、本件と併合して審理されている同態様の準強姦又はその未遂被告事件５件（以下『併合事件』という。）を含め、公訴事実を全て認め、検察官請求証拠についても全て同意をして、その取調べが終わっていること、被告人に対する更なる追起訴は今後予定されていないこと、被告人の妻が被告人の身柄を引き受け、公判期日への出頭確保及び日常生活の監督を誓約していること、これまでに前科前歴がないこと等の事情がある。

以上のような本件事案の性質や証拠関係、併合事件を含む審理経過、被告人の身上等に照らすと、保証金額を合計1500万円とし、本件及び併合事件の被害者らとの接触禁止などの条件を付した上で被告人の保釈を許可した原々決定は、その裁量の範囲を逸脱したものとはいえず、不当ともいえないから、これを取り消して保釈請求を却下した原決定には、刑訴法90条の解釈適用を誤った違法があり、これが決定に影響を及ぼし、原決定を取り消さなければ著しく正義に反するものと認められる。」

（3）最決平成26・11・18刑集68巻９号1020頁〔28224616〕

ア 公訴事実の要旨

被告人は、家庭用電気製品の販売等を目的とする会社の取締役であった者であるが、LED 照明の製造会社やその販売会社の代表者ら４名と共謀のうえ、上記販売会社との間で売買基本契約を締結していた被害会社から仕入代金の先払い名目で金銭をだまし取ろうと考え、真実は、被告人が取締役を務める会社がLED 照明の注文を受けた事実も、上記製造会社においてLED 照明を製造して納品する意思もなく、かつ、被害会社から支払われる金銭は上記販売会社の借入金の返済等に充てる意思であるのにその情を秘し、上記販売会社の代表取締役が、被害会社の担当者に対し、「近いうちに被告人の会社から発注書が出る。受け取った前渡金は、全額、当社から製造会社に支払われ、製造費に充てることになる」旨うそを言い、さらに、被告人が、上記担当者に対し、「大型電球の注文があったので、上記製造会社の製品を納品することにした。その販売窓口が被害会社になったと聞いたので、注文書を持参した」旨うそを言い、LED 照明7600点（販売価格２億3000万円余り）の注文書を交付するなどして、上記担当者及び被害会社の代表取締役らをして、被害会社がその注文を受け、上記販売会社に仕入注文をして購入代金の一部を先払いすれば、上記製造会社がその資金で上記LED照明を製造して納品するものと誤信させて、上記販売会社に対し上記LED照明の仕入注文をさせ、よって、その購入代金の先払い分及び残金として、２回にわたり、合計２億3000万円余りを上記販売会社名義の普通預金口座に振込入金させたというもの。

イ　決定要旨

「原々審は、最重要証人である被害会社の担当者に対する主尋問が終了した段階（第10回公判期日が終了した段階）で、保証金額を300万円とし、共犯者その他の関係者との接触禁止等の条件を付した上で被告人の保釈を許可した。原々審が刑訴法423条２項後段に基づいて原審に送付した意見書によれば、原々審は、被告人と共犯者らとの主張の相違ないし対立状況、被告人の関係者に対する影響力、被害会社担当者の主尋問における供述状況等に照らせば、被告人がこれらの者に対し実効性のある罪証隠滅行為に及ぶ現実的可能性は高いとはいえないこと、本件における被告人の立場は、複数回の架空発注のうちの１件に発注会社の担当者として関与したにとどまること、被告人に対する勾留は既に相当期間に及んでおり、前述のような現実的でない罪証隠滅のおそれを理由にこれ以上身柄拘束を継続することは不相当であること等を考慮して保釈を許可したものと理解される。」

「これに対し、原決定は、『被告人は、共謀も欺罔行為も争っているのであるから、共犯者らと通謀し、あるいは関係者らに働き掛けるなどして、罪証隠滅に出る可能性は決して低いものではない。そうすると、罪証隠滅のおそれは相当に強度というほかなく、被告人には刑訴法89条４号に該当する事由があると認められる。また、その罪証隠滅のおそれが相当に強度であることに鑑みれば、多数の証人予定者が残存する中にあって、未だ被害者１名の尋問さえも終了していない現段階において、被告人を保釈することは、原審の裁量の幅を相当大きく認めるとしても、その範囲を超えたものというほかない』として、保釈を認めた原々決定を取り消した」。

「そこで検討すると、抗告審は、原決定の当否を事後的に審査するものであり、被告人を保釈するかどうかの判断が現に審理を担当している裁判所の裁量に委ねられていること（刑訴法90条）に鑑みれば、抗告審としては、受訴裁判所の判断が、委ねられた裁量の範囲を逸脱していないかどうか、すなわち、不合理でないかどうかを審査すべきであり、受訴裁判所の判断を覆す場合には、その判断が不合理であることを具体的に示す必要があるというべきである。」

「しかるに、原決定は、これまでの公判審理の経過及び罪証隠滅のおそれの程度を勘案してなされたとみられる原々審の判断が不合理であることを具体的に示していない。本件の審理経過等に鑑みると、保証金額を300万円とし、共犯者その他の関係者との接触禁止等の条件を付した上で被告人の保釈を許可した原々審の判断が不合理であるとはいえないのであって、このように不合理とはいえない原々決定を、裁量の範囲を超えたものとして取り消し、保釈請求を却下した原決定には、刑訴法90条、426条の解釈適用を誤った違法があり、これが決定に影響を及ぼし、原決定を取り消さなければ著しく正義に反するものと認められる。」

（４）最決平成27・４・15裁判集刑316号143頁〔28231447〕

ア　公訴事実の要旨

被告人は、柔道整復師の資格を有し、予備校理事長の職にあったものであるが、平成25年12月30日午後４時頃から同日午後５時15分頃までの間、予備校２階にある接骨院内において、予備校生徒である当時18歳の女性に対し、同女が被告人の学習指導を受ける立場で抗拒不能状態にあることに乗じ、施術を装い、その胸をもみ、膣内に指を挿入するなどのわいせつな行為をしたというもの。

イ　決定要旨

「一件記録によれば、被告人は、第１回公判期日において、『被告人と被害者が２人で犯行場所とされる部屋に入った事実はなく、公訴事実記載の行為は一切していない』旨述べて公訴事実を争ったこと、第２回公判期日において、被害者の証人尋問が実施され、被害者は公訴事実に沿う証言をしたことが認められる。また、今後の審理予定として、弁護人は、被告人質問のほか、犯行現場の使用状況等に関し、被害者証言を弾劾する趣旨で、本件当時、本件予備校に通っていた元生徒１名の証人尋問を請求する方針を示している。」

「原々決定は、第２回公判期日後に、保証金額を300万円と定め、被害者、上記元生徒及び本件予備校関係者らとの接触を禁止するなどの条件を付した上、被告人の保釈を許可した。」

「これに対し、原決定は、弁護人が請求を予定している元生徒の証人尋問が未了であり、本件予備校理事長の職にあった被告人が、上記元生徒ら関係者に働き掛けるなどして罪証を隠滅することは容易で、その実効性も高いと指摘し、被告人の保釈を許可した原々決定を取り消した。」

「しかしながら、原々審が原審に送付した意見書によれば、原々審は、既に検察官立証の中核となる被害者の証人尋問が終了していることに加え、受訴裁判所として、当該証人尋問を含む審理を現に担当した結果を踏まえて、被告人による罪証隠滅行為の可能性、実効性の程度を具体的に考慮した上で、現時点では、上記元生徒らとの通謀の点も含め、被告人による罪証隠滅のおそれはそれほど高度のものとはいえないと判断したものである。それに加えて、被告人を保釈する必要性や、被告人に前科がないこと、逃亡のおそれが高いとはいえないことなども勘案し、上記の条件を付した上で裁量保釈を許可した原々審の判断は不合理なものとはいえず、原決定は、原々審の判断が不合理であることを具体的に示していない。そうすると、原々決定を裁量の範囲を超えたものとして取り消し、保釈請求を却下した原決定には、刑訴法90条、426条の解釈適用を誤った違法があり、これが決定に影響を及ぼし、原決定を取り消さなければ著しく正義に反するものと認められる。」

4 保釈条件について

1 保釈条件とは

93条3項は、「保釈を許す場合には、被告人の住居を制限しその他適当と認める条件を附することができる。」と規定しています。この保釈の際に附せられる条件のことを保釈条件といいます。逃亡や罪証隠滅行為を防止するための処分である勾留を解くための制度が保釈ですから、保釈に際して条件を附し、その違反には保釈の取消し（96条1項5号）という効果を持たせることによって、逃亡や罪証隠滅行為を防止することを目的にしています。

実務上よく附される保釈条件としては、

・被告人は、○○に居住しなければならない。住居を変更する必要が出たときは、書面で裁判所に申し出て許可を受けなければならない。

・召喚を受けたときは、必ず定められた日時に出頭しなければならない（出頭できない正当な理由があれば、前もって、その理由を明らかにして、届け出なければならない）。

・逃げ隠れしたり、証拠隠滅と思われるような行為をしてはならない。

・海外旅行又は3日以上の旅行をする場合には、前もって、裁判所に申し出て、許可を受けなければならない。

・本件につき公判期日の召喚状、保釈許可決定謄本等、裁判所から郵便で送達される書類については、保釈制限住居で受領すべきはもちろんのこと、不在時に配達された場合には、速やかに集配局に出頭する等の方法により、必ず受領しなければならない。

というものがあり、被害者や共犯者がいる事件では、

・被害者（共犯者）その他本件事件関係者に対し、直接又は弁護人を除く者を介して面接、通信、電話等による一切の接触をしてはならない。

という条件が挙げられます。

なお、これらの保釈条件は任意に附されるものであって、保釈決定の本質的な内容ではないため、事後的に事情変更があれば、保釈条件を変更したり

追加したりすることは許されると考えられています。典型的な例が、保釈後に依頼者が転居した場合に、制限住居を変更することです。このような事情の変更があった場合には、弁護人が裁判所に制限住居変更申出をしないと依頼者が保釈条件に違反したということになりかねませんので、速やかに制限住居変更申出をしましょう。上記のように、制限住居変更を申し出ること自体が保釈条件になっている場合もあります。

また、保釈条件はあくまで逃亡及び罪証隠滅行為を防止するという勾留の目的を維持するために必要かつ相当なものでなければならないという観点から、勾留の基礎となっている公訴事実に関する逃亡及び罪証隠滅行為の防止とは関係がない条件、例えば「再犯をしてはならない」「善行を保持しなければならない」等の条件は附すことができないとされています（齋藤千恵「保釈保証金以外の保釈の条件」令状実務詳解1047～1048頁）。保釈の趣旨を考えれば、妥当な解釈であるといえるでしょう。

2 弁護人から保釈条件を提示することについて

保釈条件は、既にみたように、逃亡や罪証隠滅行為を防止するという勾留の代替手段であり、勾留を解く方向に働くものですから、弁護人としては積極的に保釈条件を考えて提示することは依頼者の利益に資するといえます。裏を返せば、保釈が許可されるかどうかが微妙な事案において、積極的に弁護人から保釈条件を提案し、裁判官の不安を解消して保釈許可に導くことが、弁護人の腕の見せ所ともいえるでしょう。裁判官も単に被告人の人権を制限したいわけではないはずですから、他の手段によって逃亡や罪証隠滅行為を防止できるのであれば、喜んで保釈を認めてくれるでしょう。

これには柔軟な発想が必要ですが、これまでにどのような保釈条件が附された例があるかみていきましょう。

3 考えられる保釈条件について

（1）制限住居について

制限住居については、公判期日への出頭が確保されるかという点が重要です。その点に問題がなければ起訴された裁判所から遠方であったとしても問題ありません。例えば、筆者の経験でも東京地方裁判所に起訴されている事件であったとしても、秋田県や熊本県を制限住居にして問題なく認められた例があります。

また、いわゆるクレプトマニアの方や性依存の方など、行為依存の治療が必要だと思われる場合に、そういった治療を行っている病院に入院することを前提に、その病院が制限住居として認められている例もあります。

（2）電車内での痴漢・盗撮のケース

電車内での痴漢や盗撮のケースでは、単に被害者や目撃者に接触しないという条件では不十分なケースがあります。それは、裁判官は当該路線を利用することによって被害者や目撃者に接触を図ることを想定するからです。大都市圏ではこの想定自体抽象的な可能性にすぎないというべきですが、このような裁判官の思考を前提にすると、弁護人としては、そのような依頼者の行為を防止するために特定の路線を利用しないことを条件として提案することが考えられます。例えば依頼者に職場に行くために他の路線を使うことが可能であればその路線を使うことを誓約してもらったり、車で通勤することが可能であれば車通勤を誓約してもらったりすることが考えられます。実際に、保釈条件として特定の路線の利用を禁止するという条件が附された例があります。

（3）外国人事件のケース

外国人事件では、裁判官は被告人の海外への逃亡を最も懸念することになります。そのため、このような懸念を払拭するための条件として弁護人として考えられるのは、依頼者に海外渡航をしないと誓約してもらったり、パスポートを弁護人が預かったりすることを提案することが考えられます。パスポートは保釈請求の段階で弁護人が預かり、その預かった旨の報告書を疎明資料として添付するべきでしょう。

実際に、

・海外渡航はしてはならない。
・被告人は、所持する旅券すべてを弁護人に預けなければならない。
・被告人は、第一審の判決宣告に至るまでの間、本邦における在留期間を更新し又は在留資格を取得できるように努めなければならない。

等の条件を提案し、保釈条件とされた例があります。

（4）特徴的な保釈条件

保釈条件を工夫して保釈を認めさせた例として、以下のようなものが報告されています。

例えば、夫婦喧嘩で夫が暴行罪で逮捕起訴され、100日以上も勾留された事案で、被告人を弁護人の事務所で雇い、平日は17時まで事務所で事務員として働き、事務所のそばにアパートを借りて弁護人と一緒に生活をする、施設にいる子どもに会いに行くときも弁護人が同行するという保釈条件を提案し、そのとおりの保釈条件で保釈が許可されたようです（萩原猛「ミランダの会活動報告⑷」季刊刑事弁護７号（1996年）118頁）。

また、有名なカルロス・ゴーンさんの事件では、弁護人が様々な保釈条件を提案し、その提案した中から、

・被告人は、弁護人が制限住居の玄関に監視カメラ（24時間作動するもの）を設置して録画し、かつその画像を①マイクロ SD カード又は②ビデオレコーダー及び USB メモリーに保存すること、その録画画像（毎月末日までの分）を翌月15日までに裁判所に提出することを妨げてはならない。
・被告人は、弁護人から提供される携帯電話１台（番号○○）のみを使用し、それ以外の携帯電話機、スマートフォンなどの通信機器を使用してはならない。
・被告人は、使用を許可された上記携帯電話機の通話履歴明細を保存しておかなければならない。
・被告人は、○○法律事務所から提供されるパーソナルコンピューター（機種名：○○、製造番号○○）のみを、平日午前９時から午後５時までの間、同事務所内（住所：○○）において使用し、それ以外の日時・場所

で、パーソナルコンピューターを使用してはならない。被告人は、使用を許可された上記パーソナルコンピューターのインターネットのログ記録を保存しておかなければならない。

・被告人は、制限住居の内外を問わず、面会した相手の氏名（ただし、被告人の妻、弁護人、○○法律事務所の事務員を除く）、日時・場所を記録しておかなければならない。

・被告人は、弁護人を介して、通話履歴明細（毎月末日までの分）を翌日末日までに、インターネットのログ記録（毎月末日までの分）及び面会記録（毎月末日までの分）を翌月15日までに、それぞれ裁判所に提出しなければならない。

・被告人は、○○株式会社の株主総会、取締役会その他の会合に出席する場合には、前もって、裁判所に申し出て、許可を受けなければならない。

等の保釈条件が付されたようです（高野隆＝大出良和「ゴーンさんの保釈はどのように獲得したのか」季刊刑事弁護100号（2019年）163〜164頁）。

（5）小括

いずれにせよ、逃亡と罪証隠滅をおそれる裁判官の立場に立ち、柔軟な思考の下、裁判官が保釈を許可してもよいと思えるような保釈条件を提案することが重要です。単身者であったとしても保釈請求を諦めるべきではなく、例えばGPSアプリを導入して弁護人が常に居場所を把握できるようにしておく等の条件を提案することもあり得るかもしれません。また、裁判官がどのような事態を懸念しているかという点については、裁判官と面接（電話面接を含む）をすることで把握することが可能です。裁判官とオープンに議論し、裁判官が懸念している点を保釈条件でどのようにカバーできるのかを準備して、裁判官を説得しましょう。

5 保釈却下決定に対する不服申立て

1 保釈却下決定に対する不服申立ての手続

（1） 第1回公判前は地方裁判所に準抗告をする

事件が裁判所に起訴された後、第1回公判期日前までは、予断排除の観点から、保釈請求に対する判断は受訴裁判所の裁判官のうち、事件の審判に関与する裁判官以外の裁判官が行うことになります（280条1項、刑事訴訟規則187条1項）。そうすると、これに対する不服申立ては、簡易裁判所の裁判官がした裁判に対しては管轄地方裁判所に、その他の裁判官がした裁判に対してはその裁判官が所属する裁判所に申し立てることになります（429条1項2号）。これを準抗告といいます。第1回公判前の保釈許否の判断をするのは簡易裁判所の裁判官か地方裁判所の裁判官になるため、その判断に対する不服申立ては、地方裁判所に準抗告を申し立てるということになります。

（2） 第1回公判後は高等裁判所に抗告をする

第1回公判後の保釈却下決定に対する不服申立ては、抗告という手続になります（420条2項、419条）。保釈却下決定に対する抗告は、当該地方裁判所を管轄する高等裁判所に申し立てることになります（裁判所法16条2号）。抗告をする場合には、保釈却下決定に対する抗告申立書を原裁判所（つまり、保釈却下決定をした裁判所）に提出することになります（423条1項）。

（3） 高等裁判所がした保釈却下決定に対しては異議申立てをする

控訴後、保釈却下決定を高等裁判所がした場合には、高等裁判所の決定には抗告ができないと規定されていますが（428条1項）、保釈却下決定に対しては当該高等裁判所に対して異議の申立てをすることができると規定されています（同条2項）。したがって、高等裁判所がした保釈却下決定に対しては、当該高等裁判所に異議申立書を提出することになります。

（4）最高裁判所への特別抗告

保釈却下決定に対し準抗告をしたものの、地方裁判所が準抗告を棄却した場合には、特別抗告をすることができます（433条1項）。また、保釈却下決定に対し高等裁判所に抗告をしたものの、高等裁判所が抗告を棄却した場合にも、特別抗告をすることができます（433条1項）。さらに、高等裁判所がした保釈却下決定に対し当該高等裁判所に異議申立てをしたものの、高等裁判所が異議申立てを棄却した場合にも、特別抗告をすることができます（433条1項）。

これらの特別抗告には、原裁判の告知から5日間の期間制限があるので注意が必要です（同条2項、358条）。この期間を経過してなされた特別抗告は不適法として却下されます。弁護人と被告人に異なる日に原決定が送達されたような場合には、被告人に対する送達日が基準になりますので、この時期的な制限には特に気を付けましょう（後藤昭＝白取祐司編『新・コンメンタール刑事訴訟法〈第3版〉』日本評論社（2018年）〔後藤昭〕1164頁）。

特別抗告を申し立てることができる理由は、405条各号に規定している憲法違反、判例違反です（433条1項）。もっとも、411条は特別抗告の際に準用できるとされているので（最決昭和36・5・9刑集15巻5号771号〔24003986〕）、原決定に法令違反や裁量の甚だしい不当があり、これを取り消さなければ著しく正義に反すると認めるときには、原決定を取り消すことができるということになります。そのため、たとえ憲法違反や判例違反が思いつかなかったとしても、取り消さなければ著しく正義に反すると主張して特別抗告をすることができます。

2 準抗告審、抗告審の法律上の位置付け

準抗告審も、抗告審も、事実審であって法律審ではありませんから、法律問題だけでなく、事実認定その他原審の裁量の範囲内の判断事項についても、原決定の当否を審査できるとされています（最決昭和29・7・7刑集8巻7号1065頁〔27760476〕）。

そして、準抗告裁判所、抗告裁判所は、原決定の当否を判断するために、

事実の取調べをすることができます（43条３項、刑事訴訟規則33条３項）。この事実の取調べについて、準抗告審や抗告審の性格をどのようなものであると考えるかによって範囲が異なってきますが、「実務では、原則として事後審の立場に立って処理されているといえるが、事件の性質に応じ、具体的妥当性を考慮し、原決定後に生じた事情の変化を斟酌しているものもある」とされています（条解刑事訴訟法〈第4版増補版〉1111頁）。したがって、必ずしも硬直的な運用をしているわけではないといえます。すなわち、原則としては、これらの不服申立て手続は事後審的性格を有するため、原決定時点で保釈を許可すべき事情があったかを判断することになりますが、その原決定時点での事情を考慮しつつも、原決定後に生じた事情も併せて考慮すれば、それが現時点では保釈を許可すべき段階に来ているといえるのであれば、原決定の判断は不当ではないけれども現時点において保釈を許すべき事情があると判断され、不服申立てが認容されることになります。そのような事情があるケースでは、積極的に原決定後の事情を主張しましょう。このような現状の運用を利用して、原決定を覆すような新たな事情（証拠）を弁護人が作成し、原決定を破棄させることも弁護人には求められているといえるかもしれません。

3 不服申立て手続において弁護人が主張すべきこと

（1）まず原決定がそれ自体誤っていることを主張する

保釈却下決定は、「89条○号、○号に該当し、かつ、裁量で保釈するのも相当ではない」という形で記載されています。準抗告審及び抗告審での攻撃対象はひとまずここに記載されている事項になります。ただし、例えば、原決定が89条４号に該当し、かつ裁量保釈も相当ではないとして保釈請求を却下した事例で、準抗告や抗告をした場合、準抗告審や抗告審が、確かに弁護人の主張のとおり89条４号に該当しないものの、原審では挙げられていなかった89条３号に該当すると考えた場合には、89条３号に該当し、かつ裁量保釈も相当ではないという理由で準抗告・抗告を棄却できると考えられていますので（条解刑事訴訟法〈第4版増補版〉1107頁）、必ずしも原決定に記載されているものに限られないことには注意が必要です。

（2）原決定後にさらにフォローした事情を付け加える

前述したように、準抗告審や抗告審は事後審制を採用しつつ、原決定後に生じた事由についても積極的に取り入れる運用をしていますので、申立てをする際には、原決定後にさらにフォローした事情も付け加えましょう。

どのような事情を付け加えればよいかという点については、原裁判官との面談や電話面談が非常に有益になります。すなわち、保釈請求の段階で、原裁判官と面談や電話面談をしてオープンに議論し、もし保釈を認めないとするのであれば、どの点が気にかかっているのかを必ず聞くようにしましょう。裁判官も、絶対に保釈したくないと思っているわけではなく、懸念点や疑問点が残るから保釈請求を却下するという判断に至るという思考過程を経るはずです。そして、筆者の経験では、その懸念点や疑問点を弁護人に話さないということはなく、むしろ積極的にその点の補充を求めてくれる裁判官が多い印象です。原決定までにその点の補充ができなかったとしても、準抗告や抗告を申し立てる段階では可能な限りその点をフォローする疎明資料を用意し、原裁判官の懸念は現時点においては払拭されているということを主張して準抗告・抗告を担当する裁判官を説得しましょう。

また、検察官の意見も重要です。保釈請求の際には検察官の意見は必要的ですから（92条１項）、検察官は保釈請求に際して保釈請求に対する意見書を裁判所に提出します。この意見書で示されている懸念が裁判官の懸念につながりますので、この意見書を閲覧・謄写し、これを払拭できるような新しい事情を付け加えることができると、保釈許可に一歩近づくといえるでしょう。

（3）不服申立て手続をとるか、再度の保釈請求をするか

ア　保釈請求却下後、再度の保釈請求をすることも可能

保釈に関する裁判も、裁判一般の例と同様、形式的に確定することによって内容的確定力を生じ、同一事項については、その後に生じた事情を理

由とする場合のほかは、原則として、先になされた裁判と異なる判断内容の裁判をすることはできないと解されています。もっとも、保釈請求が却下された後に再度保釈請求がなされたとしても、それだけで再度の保釈請求が直ちに不適法となるものではなく、その後の事情変更を審査するために、再度の保釈請求は適法なものと扱われています（國井恒志「保釈請求却下後、再度なされた保釈請求に対する処理」令状実務詳解1030～1031頁)。そして、再度の保釈請求の時点において、89条４～６号までの事由と90条及び91条に関する審査をし、事情の変更があり保釈が許可されるべきであると裁判官が考えた場合には保釈許可決定がなされ、事情の変更がないと判断された場合には保釈請求が却下されることになります。

したがって、準抗告・抗告等の不服申立て手続にはよらずに、あえて再度保釈請求をするという手段もとり得ます。

イ　手続の違い

（ア）検察官に対する求意見の有無

保釈請求においては、裁判所が検察官から意見を聴くことが必要的になっています（92条１項)。そのため、保釈請求をしてからこの求意見の手続に入るため、検察官からの意見が提出されるまでに１～２日程度かかることがあります。そうすると、この検察官の意見が提出されるまでは保釈請求に対する裁判所の決定は出ないということになります。もちろん、この検察官に対する求意見の手続は、必ずしも意見を聴かなければ保釈に関する決定を出せないということではなく、意見を述べる機会を与えるというものにすぎませんので、合理的な期間内に検察官が意見を出さない場合には、裁判所は、検察官の意見を聴かないまま保釈に関する決定ができるとされています（条解刑事訴訟法〈第4版増補版〉192頁)。もっとも、裁判所は、実務上は１～２日程度は検察官の意見を待ちますので、その分、保釈される日にちが遅くなるといえます（なお、保釈請求よりも前に検察官に保釈請求書をFAXしておき、保釈請求をするので直ちに意見を出してほしいとお願いすることはあります。その場合でも、検察官が協力してくれない場合もありますので、再度の保釈請求によると保釈される日にちが遅くなってしまうという問題は残ります)。

一方で、準抗告や抗告等の不服申立て手続では、裁判所が検察官から意見を聴くことは必要的ではありませんので、原則として即日判断されます(特に、高裁で判断をすることになる抗告については記録の移動の問題はありますが、即日判断をするように強く要請するべきでしょう)。

したがって、裁判所が判断するまでの日数を考えると、再度の保釈請求よりも不服申立て手続の方が判断が早いという違いがあります。

（イ）保釈されなかった場合の理由の詳しさが違う

保釈請求が却下された場合には、単に「89条○号、○号に該当し、かつ、裁量で保釈するのも相当ではない」と記載されるのみであり、例えば89条４号に該当するとして、具体的に裁判所がどのような罪証隠滅行為を念頭に置いているのか、決定書だけでは判然としません。

一方で、準抗告や抗告等の不服申立て手続では、棄却決定に至った理由が記載されていることがほとんどであり、例えば「目撃者に働きかけるなどして罪証隠滅をするおそれが払えない」等と記載されることがあります。そうすると、弁護人としては、次回の保釈請求においては、目撃者に対する罪証隠滅行為ができないといえる事情を探したり、それをさせないといえるための方策を整えたりすることができます。また、この理由を前提とすれば、遅くとも目撃者の証人尋問が終わったら保釈が許可されるなど、最低限の保釈のめどを立てることも可能となります。さらに、保釈されなかったことを依頼者に説明する場合にも、保釈却下決定よりも不服申立て手続の棄却決定の方が具体的に説明をすることができ、かつ、依頼者からしてもなぜ裁判所が保釈しないと考えているのかが明確になり、保釈却下決定に比べて一応の理解を得られることも多いです。

（ウ）小括

こうしてみると、保釈請求が却下された場合に、準抗告や抗告等の不服申立て手続によるのか、再度の保釈請求によるのかという点については、まずはすぐに不服申立て手続によるべきだといえそうです。その方がより早く決定を得ることができ、かつ、却下された場合にも裁判所が具体的にどの点を懸念しているのかがより具体的にわかるからです。

このような場合には、まず不服申立て手続をとり、それが棄却された場合には、決定書をよく読み、そこで懸念されている点を新たにカバーする材料を得たうえで再度の保釈請求に挑むべきでしょう。

6 保釈と余罪について

1 問題の所在

被疑者勾留が終盤に差し掛かると、起訴必至の事件であったり、捜査段階における検察官とのやり取りで起訴を考えているようだと思われる事件については、保釈請求の準備をすることになります。

ところが、被疑者から余罪の存在を打ち明けられていたり、検察官から再逮捕をほのめかされていたりするような場合には、そのまま保釈請求すべきなのか、それとも再逮捕を待ちその刑事処分が終わってから保釈請求すべきなのかという点について悩みを持つ方も少なくないようです。

そこで、まず保釈と余罪の関係についての一般論を確認したうえで、それぞれどのような弁護実践が望ましいか、みていきましょう。

2 裁判所の保釈判断と余罪の関係

（１）余罪それ自体が保釈許否の判断対象となることはない

そもそも勾留の効力は、勾留状に記載されている事実のみに及んでおり、その他の事実には及んでいません。これを事件単位の原則といいます。60条１項各号に定める勾留の要件は、当該被疑事実についてのみ検討されます。ですので、Ａ罪でのみ勾留されている場合に保釈請求したとしても、逮捕も勾留もされていないＢ罪を独立に取り出して、Ｂ罪について89条各号に定める権利保釈除外事由があるかとか、90条に定める裁量保釈事由があるかという点を判断することはありません。

また、このことは、Ａ罪とＢ罪が包括一罪や科刑上一罪の関係にある場合も同様です。例えば、建造物侵入・窃盗の事案で、窃盗だけで逮捕・勾留されている場合、その保釈を判断するに当たっては、建造物侵入について89条各号に定める権利保釈除外事由があるかとか、90条に定める裁量保釈事由があるかという点を判断することはありません（岡田健彦「保釈請求に当たって勾留状に記載されていない事実を考慮することの可否」令状実務詳解

1018～1019頁)。

したがって、余罪が存在するというただそれだけの理由で、保釈請求が却下されるということはありません。

ですので、余罪があったとしても、保釈請求をおそれる必要はありません。

(2) 勾留事実の保釈判断に当たって余罪の存在を1つの考慮要素にすることは許される

一方で、事件単位の原則は、勾留の効力が及ぶのは司法審査を経ていることにその根拠があり、当該司法審査を経ていない余罪を身体拘束継続の根拠としてはならないという点にその本質があります。そうすると、この本質に反しない限り、余罪を1つの考慮要素とすることは許されるという考え方が導かれます。具体的には、勾留されている事実について保釈を判断するに当たり、例えば90条に定める「逃亡のおそれ」を判断する1つの事情として余罪の存在を考慮することは許されると考えられています。

この点について、最決昭和44・7・14刑集23巻8号1057頁〔24004928〕は、「被告人が甲、乙、丙の三個の公訴事実について起訴され、そのうち甲事実のみについて勾留状が発せられている場合において、裁判所は、甲事実が刑訴法89条3号に該当し、従つて、権利保釈は認められないとしたうえ、なお、同法90条により保釈が適当であるかどうかを審査するにあたつては、甲事実の事案の内容や性質、あるいは被告人の経歴、行状、性格等の事情をも考察することが必要であり、そのための一資料として、勾留状の発せられていない乙、丙各事実をも考慮することを禁ずべき理由はない。」と判示しています。

したがって、勾留事実の保釈判断に当たって余罪の存在を1つの考慮要素にすることは許されると考えられているといえます。余罪がある場合には、この点を念頭に置いておかなければなりません。

(3) 余罪の考慮のされ方

ア 89条(権利保釈)の場合

89条1号は、被告人が死刑又は無期若しくは短期1年以上の懲役若しくは禁錮に当たる罪を犯したものであるときには権利保釈が許されないという規定です。当然のことながら、勾留されている事実がこの規定に該当するかが判断され、余罪がこの規定に該当するかが判断されることはありません。ただし、余罪が89条1号に該当するような重い犯罪に当たる場合には、余罪で再逮捕される可能性は相応に高いといえるでしょう。あとは捜査機関が逮捕・勾留するに足りる程度の証拠の収集ができているか否かという点が問題になりますので、その点を依頼者と話し合って保釈請求をするかどうかを決めた方がよいでしょう。

89条2号は、被告人が前に死刑又は無期若しくは長期10年を超える懲役若しくは禁錮に当たる罪につき有罪の宣告を受けたことがあるときには権利保釈が許されないという規定です。これは、前に有罪宣告を受けたことがあるかどうかという問題ですので、余罪を考慮に入れることはありません。

89条3号は、被告人が常習として長期3年以上の懲役又は禁錮に当たる罪を犯したものであるときには権利保釈が許されないという規定です。このうち、「長期3年以上の懲役又は禁錮に当たる罪」については、勾留されている事実がこの規定に該当するかが判断され、余罪がこの規定に該当するかが判断されることはありません。問題は、「常習として」という文言に逮捕も勾留もされてもいない余罪が含まれるかという点です。この点、常習とは、現に起訴されている罪(勾留されている事実)についての常習性をいい、その罪について常習性が犯罪の構成要件要素となっている場合(常習累犯窃盗など)だけではなく、広く一般に、その罪が常習として行われた場合を含むとされており、その常習性は諸般の事情から認められれば足り、前科の有無は問わないとされています(条解刑事訴訟法〈第4版増補版〉188頁)。また、構成要件が異なる犯罪であったとしても、罪質の類似性を考慮して常習性があると判断することができるとされた裁判例もあるようです（傷害罪で勾留している事件について、暴行罪の複数の前科前歴を考慮して常習性ありと判断した裁判例として、福岡高決昭和41・4・28下級刑集8巻4号610頁〔27930397〕）。そうすると、その罪が常習としてなされたものであるかどうかという点は勾留されている事実で判断することにはなりますが、常習性の有無を判断する1つの事情として、勾留されていない余罪を考慮されてしまうことがあり得るといえます。

89条4号は、被告人が罪証を隠滅すると疑うに足りる相当な理由があるときには権利保釈が許されないという規定です。そして、89条5号は、被告人が、被害者その他事件の審判に必要な知識を有すると認められる者若しくはその親族の身体若しくは財産に害を加え又はこれらの者を畏怖させる行為をすると疑うに足りる相当な理由があるときには権利保釈が許されないという規定です。これらの規定も、勾留されている事実についての罪証隠滅のおそれ、勾留されている事実についての被害者等への加害行為又は畏怖させる行為のおそれを判断することになりますが、例えば、勾留されている事実と勾留されていない余罪が関連しているような場合（住居侵入と窃盗など）には、罪証隠滅のおそれや被害者等への加害行為又は畏怖させる行為のおそれを判断する1つの事情として、勾留されていない余罪を考慮されてしまうことがあるといえます。一方で、全く関連していないような場合には、勾留されている事実についての罪証隠滅や被害者等への威迫行為と余罪の存在はそもそも関係がありませんので、余罪が考慮されることはないでしょう。

89条6号は、被告人の氏名又は住居がわからないときには権利保釈が許されないという規定であり、余罪の有無とは関係ありません。

イ 90条（裁量保釈）の場合

90条は、「裁判所は、保釈された場合に被告人が逃亡し又は罪証を隠滅するおそれの程度のほか、身体の拘束の継続により被告人が受ける健康上、経済上、社会生活上又は防御の準備上の不利益の程度その他の事情を考慮し、適当と認めるときは、職権で保釈を許すことができる。」という規定です。前述の昭和44年最高裁決定の判示事項のうち「同法90条により保釈が適当であるかどうかを審査するにあたつては、甲事実の事案の内容や性質、あるいは被告人の経歴、行状、性格等の事情をも考察することが必要であり、そのための一資料として、勾留状の発せられていない乙、丙各事実をも考慮することを禁ずべき理由はない。」という部分はまさにこの裁量保釈の判断の際に妥当するということになりますから、余罪の存在は裁量保釈を許さない方向へ傾く１つの事情となり得ます。したがって、余罪を打ち明けられた場合には、裁判官がそのように考えるということを頭に入れたうえで保釈請求をしなければなりません。

（４）小括

以上でみてきたように、裁判所は、保釈請求に当たって、余罪それ自体が存在することをもって保釈の許否を判断しているわけではありませんが、勾留されている事実についての保釈許否の判断に当たっては、余罪の存在が１つの事情になるということを前提にしたうえで、保釈請求書を作成し、保釈請求をするべきであるといえます。ただし、筆者の経験・感覚としては、余罪が存在し、たとえ裁判所がそれを１つの事情であるととらえているとしても、保釈請求が通らない、通りにくいと感じることはほとんどありません。余罪で現に逮捕・勾留されていない限り、そもそも立件されない可能性もあるわけですから、余罪の存在自体は重要視せずに保釈が認められる印象があります。ですので、たとえ余罪があったとしても臆することなく保釈請求をするべきです。

3 余罪がある場合の保釈請求について

（１）再逮捕前の保釈

起訴されてから保釈請求をすると、検察官から再逮捕予定であるなどの連絡が来たり、依頼者から警察官が再逮捕をほのめかしているといわれることがあります。それで、保釈請求をするか悩む弁護人もいるようです。

大前提として、基本的に保釈請求をすることで発生するデメリットはありません。保釈請求をして、検察官から再逮捕予定であるとの連絡をもらったとしても、余罪については任意の取調べに応じる旨の依頼者の誓約書を検察官に提出するなどして堂々と保釈を求めましょう。筆者が担当した事案では、そのような経緯で保釈許可され、依頼者は在宅のまま余罪についての取調べを受けました。仮に保釈許可がされ、保釈保証金を納付してから再逮捕されたとしても、その再逮捕事実について勾留を争えばよいのです。逃亡した場合には保釈保証金が没取されてしまいますから、被告人が逃亡し又は逃亡すると疑うに足りる相当な理由（60条１項３号）は保釈保証金で担保されているという主張がむしろ可能になります。また、特に再逮捕された事実が保釈許可決定が出た事実と関連する場合には、再逮捕事実の勾留を判断する際の「罪証を隠滅すると疑うに足りる相当な理由」（同項２号）を検討するうえで考慮されるべき事項については、保釈保証金で担保されていると主張することもできます。ですので、再逮捕は恐れずに保釈請求をしましょう。

ただし、（一社）日本保釈支援協会を利用している場合には注意が必要です。（一社）日本保釈支援協会を利用して保釈保証金を借りると２か月ごとに手数料がかかります。保釈保証金を（一社）日本保釈支援協会から借りて、保釈保証金を納付した後に再逮捕され、勾留されてしまった場合、保釈されないまま勾留期間分日数が経過してしまうことになります。この点について依頼者に説明して依頼者と一緒に方針を決めないと、無用なトラブルを招きかねませんし、せっかく保釈許可されても弁護人から保釈取消請求をしなければならなくなってしまいます。（一社）日本保釈支援協会を利用する場合には、手数料がかかってしまう関係で、保釈請求をするか、保釈請求が認められたものの再逮捕されてしまった場合にはどうするかという点について、依頼者としっかりと話し合っておきましょう。

（2）再逮捕後の保釈

再逮捕後、再逮捕事実について勾留されてしまった場合には、起訴されている事実について保釈されたとしても、再逮捕事実の勾留が残りますので、再逮捕事実の刑事処分が出るまでは保釈されることはありません。ですので、勾留を争い、勾留されなければ保釈請求をし、勾留されてしまった場合には、当該刑事処分が終わってから保釈請求をするようにしましょう。

7 控訴審における保釈について

1 控訴審における保釈の重要さ

第一審で禁錮以上の実刑判決を言い渡された後、勾留されている依頼者はそのまま勾留され、保釈されている依頼者は保釈の効力が失われた結果(343条)、再び勾留されてしまうことになります。もっとも、否認事件では依頼者と常に障害なく打合せできることは依頼者の防御にとって非常に重要です。量刑事件であっても、控訴審裁判所は、必要があると認めるときは、職権で、第一審判決後の刑の量定に影響を及ぼすべき情状につき取調べをすることができるとされ（393条２項)、その取調べの結果、原判決を破棄しなければ明らかに正義に反すると認めるときは、判決で原判決を破棄することができる（397条２項）と規定されている以上、依頼者に社会内でこの情状のための活動をしてもらうことは防御にとって非常に重要です。したがって、控訴をする場合には、やはり依頼者を保釈させることが極めて重要になります。

ただし、控訴審における保釈（以下、「再保釈」といいます）については、第一審における保釈とは法律上の要件が異なりますので、その違いをしっかりと理解したうえで保釈請求をする必要があります。

2 控訴審における保釈の法律上の要件

第一審における保釈請求書では、基本的には89条各号に定める権利保釈除外事由が存在しないことを論じたうえで、90条に定める裁量保釈についても併せて論じることになります。一方で、控訴審では、344条の規定に留意しなければなりません。同条は、「禁錮以上の刑に処する判決の宣告があつた後は、第60条第２項但書及び第89条の規定は、これを適用しない。」と規定しています。つまり、控訴審では権利保釈という制度は存在しないのです。その趣旨としては、実刑判決が宣告されたことによって、無罪の推定が破れることになるのと同時に、刑の執行を免れるため被告人が逃亡するおそれが強くなることなどであるとされています（辛島明「再保釈の基準」令状実務詳解1092頁）。

そのため、控訴審における保釈の法律上の要件としては、裁量保釈しか存在しないということになりますから、控訴審における保釈請求書では、裁量保釈についてだけ書く必要があるということになります。

3 弁護人が主張すべき控訴審における裁量保釈の考慮事情

（1）前提としなければならないこと

同じ90条でも、第一審の場合と控訴審の場合では依頼者が置かれている状況が異なっており、したがって90条に列挙されている裁量保釈の考慮事情のうち、裁判官がどの考慮事情に重点を置くかという視点も自ずと異なってくるということに留意しなければなりません。

すなわち、控訴審では、既に第一審で証拠調べは終了し、依頼者は有罪判決を受けていることが前提となっています。そうすると、第一審で既に取り調べられた証拠を隠滅することは不可能ですし、これを覆すような実効的な罪証隠滅行為は通常は極めて困難だといえるため、90条にいう「罪証を隠滅するおそれの程度」については、通常あまり厚く論じる必要はないでしょう。

一方で、「逃亡……するおそれの程度」については第一審よりも厳しく考えなければなりません。判決の結果がいまだわからず、無罪推定の原則が働き、執行猶予付きの判決を受ける可能性もある第一審における保釈とは異なり、既に実刑判決が出ており、上述のように無罪の推定が破れていると裁判官が考える控訴審における保釈では、この逃亡のおそれの程度は原則として第一審時よりも高くなっていると裁判所は考えるでしょう。

この点について、第一審では被告人の公判期日への出頭は義務とされている一方で（286条）、控訴審では公判期日への出頭は義務とはされていないことから、公判期日への出頭確保という要請が低下する分、保釈も柔軟に認められるべきなのではないかという疑問が生じます。確かに、控訴審においては、被告人は公判期日に出頭することを要しないとされているため（390

条）、第一審のときのような出頭確保の要請はありません。しかし、同時に、控訴審では被告人の出頭が任意とされている分、控訴審係属中に保釈中の被告人の身上関係が不安定な方向に変化しても、裁判所が把握しづらいことがあると指摘されています（辛島・前掲1093頁）。したがって、裁判所は、このように被告人の身上関係の変化を把握しづらいことを懸念するようですので、控訴審において第一審のときのような出頭確保の要請が存在しないことは、必ずしも保釈を認める方向に傾くだけの事情ではないといえそうです。ただし、この点については、保釈請求書において、この裁判所の逃亡と身上関係を把握しづらくなることに対する懸念を払拭するような提案を弁護人からすればよいでしょう。

以上にみたように、弁護人はこれらの第一審における保釈と控訴審における保釈の性質上の違いを前提としたうえで、裁量保釈の考慮事情を説得的に論じなければなりません。

以下、それぞれの考慮要素と考えられる疎明方法についてみていきます。

（2）逃亡のおそれの程度

ア 判断基準

逃亡のおそれの程度を考える際に重要な指標は、第一審で言い渡された刑期の長さになることが考えられます。これは、刑期が長いものであればあるほどそれを避けるために逃亡する動機が増していくだろうという一般的な経験則に裏付けされているものと思われます。そのため、第一審で言い渡された刑期が長ければ長いほど、弁護人には逃亡のおそれを解消するための充実した方策が必要になります。

イ 考えられる疎明方法

控訴審における保釈では逃亡のおそれが第一審に比べて増大する以上、これを懸念する裁判官を安心させなければなりません。そのためには、可能な限り24時間切れ目のない監視の目が必要になるでしょう。

例えば、同居する身元引受人の誓約書を作成することが考えられます。

そして、日中は同居人とは別の場所で仕事をするような場合には、その職場の同僚や上司からの職場での動向に関する電話聴取書（基本的に事務所内で仕事をするので外出をすることはなく、常に一緒にいることなどを内容とするもの等）もあるとよいかもしれません。また、事案によっては、依頼者が毎日弁護人に電話をして弁護人が依頼者の生活状況の確認をするなどの誓約をすることまで必要なケースもあるかもしれません。

ウ 小括

どのような手段をとるにせよ、第一審で実刑判決を受けている依頼者の保釈については、裁判官は逃亡のおそれがないかを一番に懸念することを前提にするべきです。そして、控訴審の保釈請求書では、その懸念点をクリアできるような具体的な方策を提案し、疎明するべきでしょう。

（3）健康上、経済上、社会生活上、防御準備上の不利益の程度

ア 健康上、経済上、社会生活上の不利益

健康上、経済上の不利益としては、依頼者が重い病気を抱えており、実刑になる前に手術をしておく必要があるという点や、依頼者が自営業を営んでいるなど、依頼者が仕事に復帰しなければその事業や会社の継続が困難になったり、その資金繰りが悪化してしまうおそれがあることなどが挙げられます。この点、経済上の不利益や社会生活上の不利益に関連して、「身辺整理等を理由とする場合は、第一審判決前に当然しておかなければならないことであり、再保釈の事情としては適さないことが多い。」という指摘があります（辛島・前掲1095頁）。ただし、この指摘は、第一審の段階から実刑判決が見込まれるような事案においては妥当するかもしれませんが、第一審段階では執行猶予付きの判決が十分に見込まれていたにもかかわらず、実刑判決となってしまったような場合には妥当しません。従来の量刑傾向からしたら執行猶予が見込まれる事案であったとしても、裁判官によっては量刑傾向とは異なる実刑判決をすることも十分にあり得ます。特に執行猶予付きの判決が相当であるという主張をする場合には、例

えば判決後も継続して収入を得られる等の社会内での更生の環境が十分に整っていることを主張立証する場合があり、そのような場合にはむしろ実刑に備えた身辺整理をすることはこの主張と矛盾する行動ということになるため、保釈請求書ではその点にも言及した方がよいかもしれません。

イ 防御準備上の不利益

防御上の不利益については、特に量刑を争う事件において、控訴審裁判所は、必要があると認めるときは、職権で、第一審判決後の刑の量定に影響を及ぼすべき事情につき取調べをすることができると規定されています(393条２項)。また、第一審の弁論終結後判決前に生じた事実であっても控訴申立ての理由があることを信ずるに足りるものについても控訴趣意書に援用することができるとされていますので（382条の２第２項)、依頼者が保釈されて控訴審のために社会内で情状のための活動をすることは依頼者の防御にとって特に重要です。例えば、第一審の段階からクリニックに継続して通っている、被害弁償をした、示談が成立したなどという事情があり得ますが、これらはいずれも依頼者が保釈されていた方が活動がしやすいのは間違いありません。この点について、「被害弁償のためという理由は、とりわけ財産犯では被告人に有利な原判決後の事情となり得るほか、被害者の救済という見地からも再保釈に向かう事情になり得るが、第一審尊重の観点からは、第一審判決前に被害弁償等の十分な努力をしたか、控訴審段階で被害弁償がさらに進捗する見込みの有無や程度等はどうか、被告人自身が再保釈を得た上で被害弁償に向けた具体的な活動をしなければならないかなどを勘案する必要がある。」という指摘があることに注意が必要です（辛島・前掲1095頁)。このような指摘を前提にすれば、疎明資料として、示談や被害弁償に関する弁護人が作成した進捗状況等に関する報告書、想定される被害金と依頼者の資力の関係に関する報告書（分割の必要があり保釈されて収入を得る必要がある等）等を用意する必要がある事件もあるかもしれません。筆者の経験では、被害弁償金が一括では払えない程度の高額になることが予想される事案において、職場の社長から今後も雇用を継続し月々どの程度を給料として支払う予定であるということを内容とした電話聴取書を提出し、合わせて、その月々の給料から具体的に毎月いくらを被害者に支払う予定であるということを記した依頼者の陳述書を提出したことがあります。その事案では、第一審では全く被害弁償をしておらず、具体的な計画を示せていなかったのですが、控訴審で受任をしてその資料を提出した結果、被害弁償に向けて具体的に進捗する可能性があるとして、再保釈が許可されました。

（4）その他の事情

これらの事情に加え、控訴審における保釈では、その他の事情として、第一審保釈中に逃亡も罪証隠滅をすることもなく、公判期日には間違いなく出頭して審理の円滑な進行に協力していたという実績があることを主張することがあります。このような事情は、再保釈を許可しても何らの弊害がないことを示す徴表として、積極的に主張すべきでしょう。

このような主張をする場合には、保釈請求をするタイミングにも気を付けた方がよいといえます。すなわち、再保釈の審査を誰が担当するかという点については97条２項、刑事訴訟規則92条１項、２項に規定があり、①控訴の提起期間内の保釈請求で、まだ控訴の提起自体はされていないものについては原裁判所が、②控訴の提起後の保釈請求で、訴訟記録が高等裁判所に到達していないものについても原裁判所が、③控訴の提起後の保釈請求で、訴訟記録が高等裁判所に到達している場合には高等裁判所が再保釈の審査を担当することになっています。第一審における実績を一番よく知っているのは原裁判官ですから、原裁判官が担当しているうちに保釈請求をしておくというのも１つの手です。第一審の訴訟記録が高等裁判所に移るのに、通常は、控訴してから１か月程度かかるため、迅速な身体拘束からの解放という意味でも控訴後すぐに保釈請求をすることにメリットがあるでしょう。一方で、第一審の訴訟活動を通じて、第一審の裁判官を信用できないと感じてしまうこともないわけではありません。そのような場合には、依頼者と相談したうえで、あえて第一審の訴訟記録が高等裁判所に移ってから保釈請求をするというのも、選択肢の１つとして持っておいてもよいかもしれません。

4 控訴審における保釈の手続上の注意点

（1）弁護人の地位と保釈請求

控訴の提起後における弁護人の選任は、審級ごとにこれをしなければなりません（32条２項）。そして、この弁護人選任の効力について、通説は、上訴期間の満了（裁判の確定）又は上訴の申立てによって移審の効果が生ずるまでであるとしています（条解刑事訴訟法〈第4版増補版〉49頁）。

そうすると、保釈請求は弁護人の地位がなければできませんので（88条１項）、控訴申立てと同時に保釈請求をする場合や、控訴申立て後に保釈請求をする場合には、私選弁護の場合には、控訴審における弁護人選任届も一緒に提出した方がよいということになります。

一方で、国選弁護人の場合に、控訴申立てと同時に保釈請求をすることや控訴申立て後に保釈請求をすることが可能かという問題が生じます。

この点について、東京高決平成25・12・12高刑速報（平25）号144頁〔28230714〕は、「原審弁護人選任の効力は、控訴申立てにより原則として失われると解されるが（刑訴法32条２項）、原審弁護人は控訴趣意書を提出でき、それに付随する活動はなお行い得ると解する余地があるし、上訴申立後も一件記録が上訴審に到達するまでは被告人の身柄に関係する処理は原審が行うこととされている（刑訴法97条１項、２項、刑訴規則92条２項、１項）から、一件記録が原審に止まっている状況で、上訴審の審理に向けた弁護人が未だ選任されていない段階において、自ら活動しようとする原審弁護人が被告人のためにした保釈請求を例外的に認めることが法の趣旨に直ちに背くものとも思われない。」として、控訴申立て後の原審弁護人による保釈請求を適法として取り扱っています。筆者の経験でも、この東京高裁判例を前提に、国選弁護人として控訴申立書と保釈請求書を同時に提出し、本来であれば控訴申立書を提出した瞬間に国選弁護人の地位は失われますが、国選弁護人からの保釈請求として適法に取り扱われて保釈が許可された例もありますので、控訴申立てと同時若しくは控訴申立ての後であったとしても、積極的に保釈請求をしていきましょう。

（2）原審時の保釈保証金を流用する場合の注意点

原審時の保釈保証金を流用する場合、再度の保釈請求書に「なお、保釈保証金については、原審において納付した保釈保証金を流用されたい。」と記載すれば、裁判所は原審における保釈保証金を納めた状態を維持し、そのうえで新たに設定された保釈保証金を納付すれば保釈されるという流れになります（逆に言えば、これを記載しないと一度裁判所から保釈保証金が返金されます）。

この手続をとる際は、原審において納付した弁護人と、控訴審で保釈請求をした弁護人が異なる場合には、原審において納付した弁護人の同意書が必要であることに注意が必要です。裁判所は、本来、原審において納付した弁護人に保釈保証金を返金しなければならないので、この同意書があってはじめて原審弁護人に返金しなくてよいという確認がとれることから、この同意書の提出を要求しているものと思われます。この同意書を原審弁護人から得ていないと、依頼者が保釈されるのがその分遅くなってしまうので、忘れずに取得しておきましょう。

■同意書サンプル

令和〇年（〇）第〇〇〇号　〇〇被告事件
被告人　〇〇〇〇

同　意　書

令和〇年〇月〇日

〇〇地方裁判所第〇刑事部　御中
（保釈を許可したのが高裁の場合には高裁宛）

【原審弁護人の記名と押印】

記

頭書被告事件の被告人の保釈金について、令和〇年〇月〇日付保釈許可決定（〇〇地方裁判所令和〇年（〇）第〇〇〇〇〇号）に基づき当職が〇〇地方裁判所に納付した保釈金を、当職に返還せずにそのまま保釈の際の保釈金に流用することに同意いたします。

以　上

第2章

事例編

1 保釈請求

1 保釈請求の準備

(1) 住居と身元引受人の確保

保釈が認められるためには、被告人が保釈された際に適切な生活を送ることができる環境が整えられていることが求められます。

帰住先が確保されていないのであれば、制限住居の指定ができないため、保釈が認められることはありませんし、また、身元を引き受けてくれる人物(身元引受人) がいることも事実上の要件とされています。

身元引受人は、保釈中の被告人と一緒に生活をする人物が原則となります。同居家族や同居している交際相手等がいる場合には、同居家族等が身元引受人として最適です。実家が遠方である場合や、単身赴任などの場合には、実家等を制限住居として同様に、そこで同居する人物を身元引受人とすることになります。

保釈した場合に同居する人物がいないときは、被告人と連絡をとることができる人物でかつ制限住居の様子を定期的にみることができる人物を身元引受人とすることが考えられます。例えば、被告人の住居が実家の近くにあり、実家が何らかの事情で被告人と一緒に生活することが難しい場合に、実家の家族を身元引受人とすることが考えられます。このほかに、会社が住み込みでの住居を用意してくれる場合などは、会社の社長等が身元引受人になり得ます。

身元引受人は形式的に存在していればよいというものではなく、被告人が逃亡等をしないように監督し、公判への出頭を促すという役目もあります。親族以外の場合には、監督の実効性確保のため、被告人とどのような関係性であるのか、なぜ、この人物が身元引受人として適任であるのかを裁判所がわかるようにする必要があります。同居家族が身元引受人となる場合には必要ないことも多いですが、それ以外の場合には、身元引受人の陳述書で、被告人との関係、被告人に対して実効性のある監督が可能であることなどを説明していくことも重要です。

このように、制限住居と身元引受人は多くの場合密接に関連します。身元引受人をお願いする際には、保釈後の生活について考え適任者を選ぶようにすることが必要です。

(2) パスポート

外国籍の被告人や、日本人でも海外に生活拠点がある被告人については、海外への逃亡が行われるリスクがあるとみられます。捜査機関がパスポートを押収している場合は別ですが、弁護人が事前にパスポートを預かっておく必要があります。仮に、保釈請求までに弁護人がパスポートを預かることができない事情がある場合には、被告人が保釈された際に、被告人とともにパスポートの在りかまで同行し、パスポートを預かることを裁判所に約束するなどの対応が必要です。この場合、裁判官面談で受け取る手はずなどを具体的に説明することになります。

(3) その他の資料収集

権利保釈除外事由該当性を否定する方向に働く資料が用意できるのであれば、これを用意すべきです。例えば、被害者との示談ができたのであれば示談書が資料になります。また、被害者との示談交渉中であっても示談をしていることは罪証隠滅の主観的可能性を否定する方向に働く要素になりますので交渉経緯などをまとめた報告書なども資料として考えられるでしょう。

また裁量保釈を通すために、保釈の必要性を裏付ける事情についてもこれを証拠化しておき、保釈請求書の疎明資料として使用できるようにしておくべきです。例えば、被告人が主として父親の介護をしていたところ、被告人が勾留されていることによって介護に支障が生じている場合には、父親が要介護であることに関する資料や、その他の家族の介護状況に関する報告書や陳述書などを用意することになります。治療目的の保釈であれば、保釈後受診予定の病院に関する資料、病院の予約状況等に関する報告書などが考えられます。裁量保釈の場合には、なぜ保釈をするのかということをより意識して資料を集めるべきです。

もっとも、保釈請求書の疎明資料は、検察官が閲覧します。資料によっては、公判に影響が生じるものもあるでしょう。そのため、疎明資料をどの範囲で添付をするかについては、公判における影響を踏まえて決定すべきです。検察官に閲覧させることが憚られる資料については、裁判官面談で直接の面談を希望し、そこで裁判官にみせる形がよいでしょう。検察官が裁判所に提出する一件記録について、現在の実務では閲覧できない運用になっているところ、弁護人から裁判官にみせる資料について検察官がこれをみることができないものがあったとしても公平を害するとの批判は当てはまらないでしょう。

このほかに、逃亡をしたり、不適切な人物と会ったりすることが疑われる事案においては、その対処をしておくことも有益です。例えば、制限住居にWEBカメラを設置して制限住居の出入りを記録化することや、被告人のスマートフォンの位置情報を確認できるようにすることなどがあります。ただし、被告人のプライバシーを制約するものであるので、被告人とよく相談して、準備をしましょう。

（4）保釈保証金

保釈保証金については、本章「３保釈保証金」で後述します。

（5）検察官との交渉

検察官として、保釈について強く反対するわけではないが、保釈した場合に懸念があると想定される事件について、検察官に事前に面談を申し入れるというのも１つの方法でしょう。

示談状況について説明することや、逃亡で検察官が懸念している点を話してもらうことは有意義な点があります。特に、被告人が一人暮らしをしている場合において、制限住居として考えている場所や身元引受人の説明をすることは、検察官の懸念を払拭するのに有益です。検察官になおも懸念がある場合にはその内容を確認して手当てをするなどの対応をすることになります。

もっとも、検察官が保釈に絶対に反対するような事件では、手のうちを明かすことにもなりかねませんので、検察官が絶対に反対するような事案か、それとも懸念点が払拭されたのであれば保釈について強固に反対しないことが見込まれるかを見極めることが必要です。

2 保釈請求

(1) 保釈請求書

保釈をするには保釈請求書を出す必要があります。法律上は口頭での保釈請求も可能なのですが、実務上行われていません。

保釈請求書の内容ですが、権利保釈の除外事由が明白に存在する場合（主に89条1号、2号、6号違反の場合、常習累犯窃盗のように常習性が構成要件に含まれているような3号違反の場合）には、裁量保釈を求めることになります。他方で、それ以外の場合には、権利保釈が認められることを主張していくことになりますが、権利保釈除外事由が認められなかった場合には、裁量保釈の判断を受けることになります。そのため、権利保釈を求める場合であっても、裁量保釈を踏まえて、保釈請求書を起案する必要があります。

権利保釈を求める場合には、権利保釈除外事由に当たらないことを書いていくことになります。該当しないことが明らかな条文については、詳細に論じる必要はありません。「1号、2号、6号には当たらないことは明白である。以下3号、4号及び5号該当性について述べる。」などで十分です。

若干注意を要するのは3号該当性です。詳細は、第1章「2権利保釈除外事由（89条各号）」に記載しましたが、3号該当性の範囲は、条文からイメージされるものよりも広いです。若干古い資料になりますが、平成16年1月1日から平成20年12月31日までの大阪地裁本庁が判断した準抗告事件における原審の保釈却下決定についての権利保釈除外事由該当性をみると、3号違反が散見されます（長瀬敬昭「被告人の身体拘束に関する問題(1)」判例タイムズ1300号（2009年）68頁以下）。

もっとも、この中では3号該当性のみを理由に保釈請求を却下している例はありませんでした。そのため、３号に該当しないことを論じる場合でも、ここに力点を置きすぎないことも必要でしょう。

権利保釈の中で、最も争いになるのは４号該当性です。権利保釈を求めることができる場面では、４号に該当しないことを重点的に述べていくことになります。

裁量保釈については、保釈の必要性を中心に述べていくことになります。保釈の現状として、権利保釈が認められる例はかなり少ないことから、判断が割れそうな事案では、特に裁量保釈について重点的に書いておくことが求められます。

（2）添付資料

保釈請求をするに当たっては、前述のとおり、実務上、身元引受人が要求されています。そこで、身元引受人の身元引受書を用意する必要があります。また、身元引受書に関連して、当該身元引受人の運転免許証等の公的に身元を確認できる資料も必要です。

同一戸籍の親族等が身元引受人になっている場合には不要ですが、それ以外の人物が身元引受人になる場合には、一件記録からは当該人物との関係が明らかにならないため、関係性を明らかにするための報告書や陳述書を用意する必要があります。外国籍の被告人などの場合には、弁護人がパスポートを預かっておくことが必要ですので、既に弁護人が預かっている場合には、パスポートの写しを添付した報告書を作成しておくことが必要です。

権利保釈除外事由がないことを裏付ける資料や、保釈の必要性に関する資料も添付資料になります。弁護人の主張を裏付けるためにはどのような資料が存在すれば効果的かを事案ごとに考えて、添付資料とすることが望ましいです。ただし、前述したように、添付資料は検察官に閲覧されることになりますので、検察官の閲覧を避けるのであれば、申立ての際の添付資料にするのではなく、面談の際に裁判官に提示する形が考えられます。面談の際の提示は、事実の取調べ（43条３項）に当たりますが、必要がある場合に事実の取調べ請求ができるとされており、裁判官が不要とすると、提示ができませんので、この点には注意が必要です。また、裁判官によっては電話面談を原則とすることもありますし、そうでなくともスケジュールの都合が合わないため電話面談になるケースもあります。

3 保釈請求書の提出

保釈請求書の提出先ですが、第1回公判前であれば刑事訟廷に、第1回公判後については係属部に提出します。

保釈請求書は、裁判所に1通提出すれば足り、検察庁への送付は必要ありません。ただし、裁判所から検察庁に求意見が行われるのにはタイムラグがあります。大規模庁などでは、裁判所から検察庁への書類の送付が行われるのが1日数回とされていることもあります。裁判所から検察庁への求意見前に、検察官に保釈請求書の写しを交付することで、検察官の対応も早くなることが期待できます。

検察官としては、求意見が行われてから24時間以内には保釈意見書を提出しようと努力しているようですが、裁判所から保釈請求書の写しが交付される前に検討に入ることができれば、意見書が早期に提出されることも期待できます。申立てと同時に検察庁に写しを交付することのデメリットはほとんどないといえます。検察庁に写しを交付することについては積極的に検討してよいでしょう。

2 保釈の流れ

1 総論

保釈請求書を裁判所に提出すると、第1回公判前においては、裁判官は、一件記録を検察庁から取り寄せます。第1回公判後は、受訴裁判所に検察官が提出した証拠があるので、基本的にはこれに基づいて判断することになります。しかし、受訴裁判所が保釈判断のために証拠調未了の記録を取り寄せることができるかということについては、可能であるという裁判官の見解があります（佐藤弘規「第1回公判期日後、受訴裁判所が保釈許否判断のために証拠調べ未了の一件書類記録を検察官から取り寄せ閲読することの可否、当否」令状実務詳解1056頁）。もっともこの場合でも証拠調未了の記録を調べることについては限定的ととらえられています。

裁判官・受訴裁判所は、検察官に対して、意見書の提出を求めます。これを受け、検察官は、意見書の作成を行います。

裁判官は記録の検討をまず行ったうえで、弁護人から希望があれば、弁護人との面談を行います。面談は、直接の面談も行われていますが、電話面談も多用されています。

面談と順番は前後することがありますが、裁判官・受訴裁判所の求意見に対して検察庁から意見書が出されます。裁判所は、検察庁の意見を踏まえて、保釈の判断をします。

裁判官・受訴裁判所の判断が出ると弁護人及び検察官に判断の連絡がいきます。

保釈許可決定の場合には、保釈保証金の額も告げられます。この時に、保釈保証金の納付予定時期を聞かれます。また、検察官が（準）抗告を予定している場合にはその旨の連絡もされることが多いです。

保釈許可決定に対して検察官が（準）抗告を申し立てる場合には、裁判所に執行停止を申し立てます。この執行停止は、裁判所の職権発動（424条、432条）を求めるものですが、多くの場合、裁判所は職権発動します。

検察官が（準）抗告をした場合には、弁護人は意見書を出すことができます。弁護人が意見書を提出する旨裁判所に連絡をすると、裁判所は意見書提出まで判断を待ちます。

保釈許可決定を受けて、弁護人らは裁判所に保釈保証金を納付します。

保釈保証金が納付されると、裁判所から検察庁に連絡が行きます。

検察庁から被告人を勾留している刑事収容施設に釈放指揮がなされ、被告人は保釈されます。

2 受訴裁判所の記録の取り寄せについて

前述のとおり第1回公判期日後の受訴裁判所による記録の取り寄せについては可能ですが、これを調べることについては限定的とされています。代わりに検察官に詳細な意見書の提出を求めることがあります。また、記録を取り寄せるとしても必要最小限度であるとされています。

弁護人は取り寄せられた一件記録について、どのような証拠が含まれているかを知る術はありません。そのため、一件記録を取り寄せられたうえで消極的判断をされた場合にはいかなる証拠に基づき却下されたのかを知る術はありません。これに対して検察官意見書で書かれた場合には、意見書を謄写することができますので、いかなる点を根拠に検察官が、保釈が認められないと主張しているのかを知ることができます。

3 検察官意見書について

検察官の意見書の結論としては、①「保釈相当」、②「しかるべく」、③「保釈不相当」、④「不相当却下」という4つの結論があります。「保釈相当」と「しかるべく」は積極的に反対しないという意見であるため、裁判所としてはあえてこれを不許可にする必要はなく、多くの場合保釈を認めますが、実際検察官がこの意見を書くことは少ないです。

「保釈不相当」「不相当却下」の2つの違いは、「不相当却下」は、保釈に対して絶対に反対というニュアンスが込められている点です。

「保釈不相当」「不相当却下」の場合には、不相当の理由が記載されます。

「不相当却下」は、絶対に保釈を認めるべきではないということで、保釈を認めることそのものに対して強く反対の理由が述べられます。この場合には、保釈が認められても検察官が（準）抗告をしてくることが多くあります。

他方で、「保釈不相当」については、検察官としては基本的には保釈は認められるべきではなくこのような点に懸念があるというニュアンスで意見が書かれることが多いです。「保釈不相当」意見の場合には、検察官が（準）抗告をしてくることは少ないです。

「保釈不相当」及び「不相当却下」に共通することですが権利保釈除外事由に該当し、裁量保釈しか認められない場合には、逃亡の危険性について詳細な意見を述べてくることがあります。保釈請求書には逃亡の危険性がないことについてあらかじめ記載しますが、意見書を閲覧し、面談で補充しましょう。

検察官の保釈意見書や、検察官が提出した記録の閲覧については条文の定めがなく、裁判官によって扱いが異なりますが、多くの裁判官は意見書の閲覧を認めています。最決平成７・11・28公刊物未登載は浦和地裁のした保釈請求却下決定に対する準抗告棄却決定に対する特別抗告申立てについての決定ですが、なお書きで「検察官の意見書について、弁護人に閲覧・謄写を許さなかった点は是認できない」としています。

検察官意見書を閲覧するためには、裁判所で閲覧をする必要があります。FAX で受け取るということは行っていません。しかし、検察庁から弁護人に FAX で証拠等関係カードや追加証拠の開示が行われることもあることから、裁判所から検察庁に対して、弁護人に意見書を交付するよう伝えるなどして、弁護人が速やかに意見書を確認できるようにすべきと考えます。

検察官が詳細な意見書を出してくることが予想されるケースでは、意見書の閲覧をしたうえで裁判官面談に臨むことも必要です。早期に保釈されることは、依頼者の利益になりますので、意見書でどのようなことが書かれているか予想できる場合と、閲覧のための時間をとることが難しいような場合について、意見書の閲覧をすることと、早期の判断を受けることの利益を比較して、意見書を閲覧するか判断することになります。大半の裁判所では、意見書については閲覧が認められていますが、検察官が提出した一件記録については実務上閲覧が認められていません。しかし、これでは、いかなる資料に基づき判断をしたかが不明であり、判断の適正を担保することができません。裁判所がいかなる資料に基づき判断したか弁護人が知ることができるようにすることは、裁判所が適正な判断を行っていると信頼されるためにも必要なことでしょう。一件記録の閲覧は認められるように改められるべきと考えます。

検察官が意見書を出したうえで、裁判官が保釈の判断を行います。そのため、検察官の意見書が遅れると、裁判官の保釈判断も遅れます。しかし、意見書が提出されない限り、保釈の判断ができないとすれば、検察官は保釈を阻止すべく、意見書の提出をしないということも可能になってしまいます。裁判官の求意見はあくまで、検察官に意見をする機会を与えることで足り、検察官の意見が出されなくとも、保釈の判断をすることはできます。実際、求意見後１週間意見が出されなかったことから、裁判官が検察官の意見を待たずに保釈の判断をした例もあります。しかし、身体拘束は人権制約の程度が極めて大きいものです。勾留を請求している検察官は、勾留からの解放を求める保釈請求に対して、速やかにこれに対応すべき義務があると考えます。

検察官が出張中や裁判員裁判の最中であるなどの理由で、意見書の提出が遅れるということをいわれることがあります。しかし、被告人にとっては、検察官の多忙は、自身の身体拘束を甘受する理由にはなりません。また、検察官は独任制官庁ですが、検察官同一体制の原則が採用されており、検察官が交代しても同じ対応をするよう要請されています。替えが利かないものではないというのが検察官の特徴です。そのため保釈請求に対し、担当検察官が多忙を理由として意見書の提出が遅れるということは許されないと考えます。

検察官が詳細な意見書を提出してくる可能性がある事件では、事前に検察庁に保釈請求をいつするかということを通告してもよいでしょう。当該裁判官が多忙であったとしても対応するだけの体制をつくる時間を与えていることになります。

検察官としては、裁判所から求意見が来た後できるだけ24時間以内には意見を出すようにしているようです。ただし、明示規定もなく、個々の検察官に委ねられている部分があります。

弁護人は、被告人の身体拘束からの解放を求める保釈請求について、遅くとも48時間以内に意見書が出されていないのであれば、裁判官に意見書の提出を待たずに判断をするように求めるべきでしょう。検察官の多忙は被告人の人権制約の根拠とならないことを指摘し、判断を迫るべきです。裁判官面談までに検察官意見書が出されておらず、面談までも相当な時間を要したときには、裁判官面談で意見書の提出を待たずに判断するように迫るべきでしょう。

4 裁判官面談

裁判官面談において、何を話したらよいのかわからないという話をしばしば耳にします。多くの場合、裁判官から、「保釈請求書の記載事項のほかに、何か付け加えることはありませんか」と切り出されます。言いたいことは保釈請求書で書いてしまっているので、次に何を話したらよいのかわからなくなってしまうのだと思います。そこで、自分が何を話したいのかを整理する必要があります。熱意を伝えたいというだけでは、裁判官面談の意味はありません。

では、具体的にどのようなことを話したらよいのかみていきましょう。保釈請求書は、検察官が閲覧します。そのため、保釈請求書に記載する内容については、担当検察官が把握することができてしまいます。公判を踏まえて、この部分は隠しておきたいということがあれば、保釈請求書には記載せずに裁判官面談において、口頭で伝えるという方法があります。例えば「罪証を隠滅すると疑うに足りる相当な理由」については、公判において争点となる証拠が対象となるところ、現時点で弁護人から検察官に争点の提示を行うことになると、後々の公判活動に支障が生じるということもあり得ます。

また、主張の裏付けとなる添付資料について、検察官にみせることが躊躇われる場合には、裁判官面談で直接みせることも考えられます。

保釈請求書の提出後に事情が変化したことを伝えることもあります。被害者との示談交渉の経緯などがこれに当たります。

保釈請求書に記載している事項について具体的な内容を口頭では話すこともあります。特に保釈の必要性について、詳細を保釈請求書に書くことが難しい場合もあります。例えば、親族に要介護者がいて、依頼者がどのような役割をしていたのか、依頼者がいないことによってどのような問題が生じているのかということについては、口頭での説明の方がリアリティをもって説明できることもあるでしょう。検察官意見書を閲覧している場合には検察官意見書に対する反論を用意することも重要です。

裁判官面談で裁判官と議論するということを狙うことも考えられますが、裁判官が議論には応じないこともあります。単に議論をしたいということを考えて裁判官面談を行うことは門前払いされる可能性があります。何を議論するのか、それは、いかなる位置付けに当たるのかを考える必要があります。

また、保釈保証金について、上積みができた場合に、弁護人から裁判所に保釈保証金の上積みができたことを伝えることもあります。依頼者にとっては保釈保証金の額が増えることは不利益ですが、裁判官を弁護人のペースに引き込むという点では有効です。

裁判官面談は、直接これについて法律上規定されているものではありません。しかし、保釈判断に関する事実についての補足説明であれば、保釈判断における事実の取調べ（43条３項）に該当します。弁護人が裁判所に面談を申し込むと、ほとんどの場合において少なくとも電話面談には応じてくれます。ごくまれに裁判官面談を拒否する裁判官がいます。しかし、裁判官面談は保釈請求書に記載されていない事項についてほかに何かないかと聞かれるのが通例であるところ、保釈保証書に記載されている事項を元に事実の取調べの必要がないというのは整合性がとれないでしょう。また、刑事訴訟法は、各種決定において訴訟関係人の意見を聴取する規定を置いています。保釈請求について、弁護人が、保釈が相当であるという意見を述べているのだから、却下する場合にあえて弁護人に意見を聞くまでもないというのは人権保障の見地から不適当といわざるを得ません。

5 裁判官の決定

裁判官の決定が出たときは、速やかに、弁護人に連絡がなされます。夜間に判断がなされることも少なくないため、保釈請求書を提出する際には、夜間でも連絡がつく番号（自身の携帯電話番号等）を書記官に伝えておくことも検討すべきです。入金が翌日以降になる場合でも依頼者を含む関係者が結果を気にしていますし、却下の場合には準抗告（抗告）の対応がありますので、できるだけ早いタイミングで知ることができるようにしておくべきです。

保釈許可決定が出された場合には保釈保証金を納付できる時期を聞かれます。土日や夜間などの場合には担当者の手配があるので、相談する必要があります。

保釈保証金について、保釈請求書で提示した額よりも増額され、納付時期の目途が立っていないときには、裁判所からの連絡に対して、その旨の説明をすることになります。

また、検察官が準抗告（抗告）を検討している場合にはその旨も教えてもらえます。

6 検察官（準）抗告に対する対応

検察官が（準）抗告をした場合にはその旨の連絡を受け取ります。（準）抗告申立書が弁護人にFAX等で交付されるわけではなく、裁判所に行き、閲覧・謄写をする必要があります。

（準）抗告に対して、意見書を提出することができます。裁判所には事前にいつまでに提出予定であるかを伝えるのがよいでしょう。意見書の提出はある程度待ってもらえますが、意見書の提出が遅れると（準）抗告の判断も遅れます。保釈許可の原決定があるのに、弁護人の対応が遅くなり、実際の保釈が遅れるということは避けなくてはなりません。意見書の提出は原本を提出することになります。郵送だと、早くても１日かかりますので、時間がもったいないです。裁判所に持参する方法をとるのがよいでしょう。

7 保釈保証金の納付

裁判所と打合せをして、いつ納付するかを伝えます。特に時間外に納付するような場合、裁判所も人員の確保が必要になります。

現金納付、保釈保証書の納付であれば、裁判所に持参することになります。ペイジー（Pay-easy）による振込みであれば、銀行ATMやネットバンキングからの振込みが可能ですので、便利です。銀行振込みと異なり時間外であっても納付が可能です。詳細は、本章の「３保釈保証金」を参照してください。

8 釈放まで

保釈保証金が納付されると、裁判所から検察庁に連絡がいきます。検察庁から留置施設に対して釈放指揮が出されますが、釈放指揮書の原本が留置施設に届くまで、被告人の釈放は行われません。検察官としても無駄に引き延ばすことはしませんが、どれだけスムーズに手続が進んでも、検察庁から留置施設に釈放指揮書が届くまでの時間が生じることから保釈保証金を納付してから実際の釈放まではある程度時間がかかることは念頭に置いておく必要があります。

3 保釈保証金

1 金額決定の基準

（1）条文解釈

93条２項は、「保証金額は、犯罪の性質及び情状、証拠の証明力並びに被告人の性格及び資産を考慮して、被告人の出頭を保証するに足りる相当な金額でなければならない。」と定めています。

このうち、「犯罪の性質及び情状」については、罪種・罪質、法定刑のほか、犯行の動機、態様、手段、計画性、組織性、被害結果、犯行後の事情として、被害者の宥恕の有無、被害弁償の有無、被告人の前科前歴、犯行の社会的影響、被告人が逃亡した場合の社会的影響などがその内容であるとされています（大コンメンタール刑訴法⑵〈第2版〉〔川上拓一〕191頁）。重大事件であれば保釈保証金は高額になり、犯情について否定的評価が多いほど保釈保証金は高くなります。また、証拠の証明力とは、有罪判決の蓋然性を指すとされており、有罪判決の可能性が高い方が保釈保証金は高くなります。被告人の性格については、粗暴性や犯罪の常習性のみならず、その社会的地位（暴力団関係者であるか否か）も含むとされています。一般情状において否定的評価をされるような事情であれば保釈保証金が高くなります。

資産については、被告人個人の現在の資産に限られるものではなく、信用等も含むことになります。例えば、一人会社の株主である被告人については、個人資産がさほどなくても、会社資産がある場合には、保釈保証金が高くなります。また、配偶者やその他親族の資産も考慮の対象となります。

89条４号に該当するが裁量保釈が認められる場合において、罪証隠滅の可能性の程度を保釈保証金の判断において考慮することが認められるかということについて、見解が分かれていますが、積極説が有力とされています。しかし、罪証隠滅の可能性の程度については「犯罪の性質及び情状、証拠の証明力並びに被告人の性格及び資産」のいずれにも該当せず、さらに、保釈保証金の設定は、「被告人の出頭を保証する」ためのものであり、罪証隠滅を抑止するためとはされていないため、積極説には疑問が残ります。

保釈は、勾留ごとに行われるものですので、複数の勾留が存在する場合については、勾留ごとに保釈保証金の決定がなされます。そのため複数の勾留が存在する場合には保釈保証金が高くなる傾向があります。

保釈保証金の金額決定において最も大きな要素となるのは、被告人の資産です。これは、保釈保証金が被告人の出頭の確保を実現するためのものであるところ、潤沢な資産がある被告人に少額の保釈保証金を設定しても、出頭の確保に対する効果は薄いためです。

（２）具体的金額

具体的な金額については、ケースによりますが、150万円以上が多いです。「保釈保証金の金額の相場は、現在最低で150万円、通常200万円などといわれている。」との指摘（『刑事弁護ビギナーズ ver. 2. 1』現代人文社（2019年）152頁）があります。

このような記述について、裁判官からは、実務の運用とかけ離れた記述ではないものの「原則として最低150万円、通常200万円かと問われると、必ずしもそうだとは言い切れないように思われる。」と指摘されています（長瀬敬昭「保釈保証金」令状実務詳解1037頁）。

もちろん、資力がない場合にはこれよりも低い金額で保釈されることもありますが、依頼者に対して、保釈保証金について150万円以上を用意できるようにしてほしいことは伝えた方がよいでしょう。もっとも、後述のように（一社）日本保釈支援協会の保釈保証金立替制度や、全国弁護士協同組合連合会の保釈保証書発行事業がありますので、150万円を下回る金額しか用意できない場合には、特にこれらの利用を考えるべきでしょう。

会社経営者や医師等であれば、資力があると考えられ、500万円を超えるような保釈保証金が定められることも少なくありません。

勾留が複数ある場合には１件の勾留よりも保釈保証金が高額になる傾向はありますが、１件当たりで想定される金額の倍、３倍というような金額になるわけではありません。最低金額の目安といわれる150万円で複数の勾留に対する保釈が認められる例も珍しくありません。

(3) 弁護人からの提示

保釈保証金の希望額について、保釈請求書に記載することが一般的です。裁判官は、被告人の資力についての情報がほとんどなく、職業など資力を裏付ける外形的事情を元に判断するよりほかありません。保釈保証金を増額されそうな事情がなく、依頼人も200万円程度であれば用意できる場合においては、全く触れないことも考えられますが、書かないことについてのメリットがあるような特段の事情が存在しない限り、相当と考える保釈保証金額について結論だけでも書いておくべきです。末尾に「なお、保釈保証金については○○万円が相当であると考える。」としておくだけでも、裁判官に用意できる金額として考えているところを伝えられます。複数の勾留がある場合には「なお、保釈保証金は、第1事件について○○万円、第2事件については○○万円が相当であると考える。」となります。

こちらから具体的な提示があれば、裁判官として相当と考える金額が提示金額よりも高い場合に、もう少し用意できないかという打診があるのが一般的です。その金額が用意できないのであれば裁判官に具体的な事情を説明し、説得する機会を得ることができますが、裁判官に金額の提示をしない場合には、裁判官の考えと齟齬があった場合に、保釈保証金が用意できないということも考えられます。

また、200万円を下回る金額しか用意できないのであれば、裁判所にはその理由などを説明することが重要になりますし、高額な保釈保証金を設定されそうな事情がある場合には、資力について具体的な事情を説明することが必要になります。

具体的な資力状況を説明する方法ですが、保釈請求書に記載する方法と、裁判官面談で説明する方法があります。前者は検察官が資力に関する事情を把握することになりますので、把握されることが事件処理にどのような影響を与えるかを考える必要があります。

裁判官面談で、弁護人が提示した額よりも高い金額での打診を受けることがありますが、難しい場合には、資力状況などを明らかにして、これ以上の増額が難しいこと、提示した金額で出頭確保ができることを説明していきます。

その結果、裁判官が弁護人提示額やそれに若干増額する程度の保釈保証金を設定することもあれば、当初の裁判所の提示金額どおりの額を設定することもあります。

弁護人が面談で200万円しか用意できないと説明したにもかかわらず、裁判官が300万円の保釈保証金を設定した場合に、すぐに納付すると、200万円しか用意できないと説明したことは何だったのかと弁護人に対する不信を抱きかねません。不信感を抱くことが裁判官の態度として適切かどうかという問題はありますが、保釈保証金を抑えるための手段として虚偽の説明をすることには問題があります。面談時点で、さらに金策をしているのであればその旨は説明しておく必要があります。

また、このように弁護人の提示額よりも高額な保釈保証金を提示されることがありますので、保釈請求後も金策を継続しておくことも重要になります。

(4) 保釈保証金額に対する不服申立て

保釈許可決定がされたが保釈保証金額に不満がある場合には、これに対する準抗告・抗告を行うことができます（420条2項、429条1項2号）。しかし、保釈保証金額の決定は、裁判官の裁量であり、準抗告・抗告が認められるためには、裁量を逸脱していることが必要です。

保釈許可決定に対して検察官準抗告・抗告がなされたところ、保釈許可決定という判断は維持されたものの、保釈保証金額が増額されるということもあります。

2 保釈保証金の納付

保釈保証金の納付は金銭による納付と、有価証券や保釈保証書による納付があります。

有価証券や保釈保証書による納付は、裁判所の許可が必要になります（94条３項）ので、申立ての際にその旨を記すことが必要になります。有価証券による納付について、有価証券の評価額は時価によることになります。非公開会社の株式など、額の判断が難しい場合には、そもそも94条３項の許可がなされない可能性が高いです。保釈保証書による納付は裁判所が認める被告人以外の者の保証になります。全国弁護士協同組合連合会の保釈保証書を除きあまり使われていません。

金銭による納付は、現金による納付とペイジー（Pay-easy）による納付があり、ペイジー納付は、一度設定すれば全国の裁判所で利用することができます。裁判所に納付書を発行してもらう前に、ペイジー納付であることを伝える必要があります。ペイジー納付は銀行振込みではないので、銀行振込みの当日振込みの時間を経過した後であっても、その日のうちに納付することができます。ただし、夕方以降や、非開廷日などでは、裁判所が確認できないことがありますので事前に納付の時間帯について裁判所と調整をして、納付後速やかに確認ができるようにしてもらう必要があります。

現金納付の場合も、夕方以降や非開廷日では、出納係が不在で確認できないことになります。事前にいつ納付に行くかを伝えて調整をしてもらえば、夕方以降や非開廷日でも納付できます。

複数の弁護人が就任している事件で、保釈請求をした弁護人と異なる弁護人が保釈保証金を納付する場合には、裁判所に代納付の許可を得る必要があります（94条２項）。

3 保釈支援協会等

(1) 立替事業等

資力的に保釈保証金の納付が困難な場合であっても、保釈保証金の立替えなどによって保釈を実現することができます。

弁護人として、被告人の資力上の問題がクリアできるのであれば保釈が通るようなケースで立替事業等について説明をしないことは、弁護過誤になりかねません。また、留置施設内で、被留置者間の情報交換で立替事業等について知っていることもあります。説明をしない場合には被告人との間の信頼関係が損なわれる危険もあります。

事業者の運用については、変化しているところがありますので、適宜各事業者に確認する必要はありますが、(一社) 日本保釈支援協会の保釈保証金立替事業と全国弁護士協同組合連合会の保釈保証書発行事業の執筆時点の運用について説明します。

なお、両者に共通する特徴として、被告人本人による申込みは認められていないので、これらの制度を使う場合には申込者を別途用意する必要があります。

(2) (一社) 日本保釈支援協会

(一社) 日本保釈支援協会は、保釈保証金の立替えを行っています。保釈許可決定が出た場合に、保釈保証金が、(一社) 日本保釈支援協会から弁護人の口座に送金され、弁護人が裁判所にこれを納付することになります。

特徴としては、限度額が500万円と比較的高額まで対応してもらえること、自己資金を求められないこともあること、審査の決定まで、最短で30分程度であり通常でも時間帯によりますが即日判断されることが多いこと、手続は基本的に電話とFAXで進められるというところがメリットです。

他方で、立替期間は2か月で、延長ができますが、延長に際しては都度手数料が発生します。

(3) 全国弁護士協同組合連合会

全国弁護士協同組合連合会は、保釈保証書の発行事業を行っています。保釈保証金に代わる保証書の発行です。弁護人は保釈請求に際して、保証書による納付許可 (94条3項) を求め、裁判所が許可したときは、全国弁護士協同組合連合会から保証書の発行を受け、これを裁判所に納付します。

特徴としては、手数料が一般事件の場合保証額の2%、薬物事件の場合3%ですが、保証期間がなく、2か月を超えても追加の保証料を要求されないことがメリットです。また審査の決定まで通常は半日程度で対応するとされています。

他方で、保証額については薬物事件の上限は200万円、その他の事件でも300万円と（一社）日本保釈支援協会より上限額が低いです。一般事件の場合自己資金は不要ですが、薬物事件の場合は自己資金として保証額の20%の預託が必要です。また、申込みに際しては各地の弁護士協同組合の窓口に行く必要があります。

（4）即日保釈について

起訴日に保釈してほしいというリクエストをしてくる依頼者もいます。起訴日に保釈をするためには、ある程度段取りが必要ですので、事案に応じて現実的に可能かどうかを依頼者と相談してください。

まず、保釈請求をすることができるのは起訴後になりますが、ほとんどの裁判所では起訴前に保釈請求書を預かり、起訴された場合には受理するという運用を行っていません。そのため、起訴されたことを確認してから保釈請求をする必要があります。起訴は午前中に行われることが多いですが、午後に行われることも何ら珍しくありませんし、閉庁後に起訴されることもあります。そのため、速やかに保釈請求書を提出できるように待機しておく必要があります。

午前中に起訴された場合でも、その後保釈請求書を提出し、検察官が意見書を提出し、裁判官面談を行い裁判官が判断という流れを踏まえると、保釈の判断はどれだけ早くても15時を過ぎると考えておく必要があります。保釈許可決定後に保釈保証金を送金してもらうのでは間に合わないため、弁護人が保釈保証金を事前に預かっておくことになります。

検察官の意見書が速やかに提出されなくては、判断が遅くなります。事前に即日保釈をすることを予告して速やかな保釈意見書の提出を促すこと、裁判所に保釈請求書を出す際に検察官に写しを交付することも必要でしょう。

裁判所の判断が閉庁後になることも珍しくありません。裁判所の出納係の手配の関係もありますので、事前にいつのタイミングで納付ができるかを伝えておくことも必要です。

また、(一社) 日本保釈支援協会を利用する場合には、立替金を15時までに送金してもらう必要がありますが、12時頃に起訴された場合でも即日保釈は時間的に間に合いません。また、全国弁護士協同組合連合会を利用する場合も、自己負担金が必要な場合は全国弁護士協同組合連合会が指定する口座に保釈保証金の20% の自己負担金と手数料、自己負担金が不要な場合は手数料を納付する必要がありますが、これを15時までに行わないといけません。

即日保釈にこだわるのであれば、(一社) 日本保釈支援協会や全国弁護士協同組合連合会を利用することは難しいでしょう。

そもそも、弁護人が起訴後すぐに保釈請求書を提出して、事前に検察庁に即日保釈をする旨伝えるなどして、手を尽くしても、即日保釈の判断がなされるわけではないことは依頼者に伝えておくことが必要です。

4 再保釈

再保釈は、基本的には第一審において被告人に対する死刑又は、実刑判決若しくは一部執行猶予判決がなされたことが前提となっています (厳密には、無罪判決後の控訴審による勾留裁判で勾留決定がされた場合における保釈請求も考えられます)。すなわち、第一審段階よりも、被告人が服役する可能性が高くなっています。保釈保証金は、被告人の出頭を確保するためのものですが、服役する可能性が高くなるのであれば逃亡する可能性も高まります。そのため、保釈保証金について第一審よりも高くなる傾向が強いです。

具体的な保釈保証金の額としては、第一審における保釈保証金額に10%から50% 上積みした金額が多いです。

5 保釈の取消しと没取

被告人が公判に出頭しない場合や、保釈条件に違反した場合などには、裁判所は検察官の請求又は職権で保釈の取消しをすることができます (96条1項)。

保釈が取り消されると、裁判所は保釈保証金の没取を決定することができます（同条２項）が、必ずしも全額が没取されるわけではなく、保釈取消事由の内容、没取による不利益の程度を考慮して決められます。一般的には、逃亡の場合には全額が没取され、それ以外の場合には、その事情を考慮して決定されるとされています（江見健一「保釈保証金没取」令状実務詳解1081頁）。

保釈後、被告人から保釈の取消しを希望した場合について、裁判所は保釈を取り消すことができるかという点については見解が分かれていますが、可能であるとされているのが実務です。被告人からの請求権は存在しませんが、裁判所の職権発動を求めるものとして扱われます。

被告人から保釈の取消しを希望することが考えられる場面としては、保釈保証金を被害弁償の原資に充てたい場合や、身元引受人との関係が悪化するなどして今後保釈条件を遵守することができなくなる可能性が高まった場合に保釈保証金の没取を避けたいケースが想定できます。

6 保釈保証金の還付

保釈保証金は、勾留取消し又は勾留状が効力を失ったとき、保釈取消し又は保釈の失効によって収監されたとき及び被告人が収監される前に再保釈の決定がされ保釈保証金が納付されるか、勾留の執行停止があった場合に還付されます（刑事訴訟規則91条１項）。全部執行猶予判決等によって勾留状が失効したとき（345条）は、判決宣告から１週間程度で指定口座に送金されます。また、禁錮以上の刑に処せられ保釈が失効したとき（343条）は、実際に収監された後に送金されることになります（最決昭和25・3・30刑集４巻３号457頁〔24000911〕）。

保釈保証書による納付を行ったときは、保釈保証書を提出した担当部から、保釈保証書の返還を受けることになります。

4 保釈後判決までの留意点

1 保釈の取消し

（1）保釈取消事由

裁判所は、「被告人が、召喚を受け正当な理由がなく出頭しないとき。」（1号）、「被告人が逃亡し又は逃亡すると疑うに足りる相当な理由があるとき。」（2号）、「被告人が罪証を隠滅し又は罪証を隠滅すると疑うに足りる相当な理由があるとき。」（3号）、「被告人が、被害者その他事件の審判に必要な知識を有すると認められる者若しくはその親族の身体若しくは財産に害を加え若しくは加えようとし、又はこれらの者を畏怖させる行為をしたとき。」（4号）、「被告人が住居の制限その他裁判所の定めた条件に違反したとき。」（5号）には検察官の請求又は職権で、被告人の保釈を取り消すことができるとされています（96条1項）。96条1項各号の事由が生じたときに必ず保釈を取り消さなくてはならないものではなく、裁判所の裁量に委ねられています。

まず、各号についてみていきます。

①「被告人が、召喚を受け正当な理由がなく出頭しないとき。」

被告人が「正当な理由」がないのに召喚に対して出頭しないことを意味します。「正当な理由」がないというのは、被告人に帰責事由があることを意味するとされています。依頼人から事前に、予定されている公判期日に出頭できないという話を受けたときは、それがやむを得ないものであるかを検討し、公判期日の変更を申し立てる必要があります。急病のため、公判期日の変更の申立てが間に合わなかった場合について1号に該当しないとされた裁判例（東京高決昭和29・4・1高刑特報40号60頁〔27920084〕）もありますが、事前に把握できている場合には期日変更を申し立て、1号に該当しないように努めるべきです。その場合には診断書等を提出する必要があります（278条）。

公判期日変更の申立てが間に合わなかった場合であっても診断書は取得し

ておき、正当な理由があることの疎明に使用します。

②「被告人が逃亡し又は逃亡すると疑うに足りる相当な理由があるとき。」

保釈許可決定の時点で、保釈保証金をもって被告人の逃亡は防止できると判断されていることから、保釈後に新たな事情が生じたか又は判明し、保釈保証金をもっても防止し得ない程度に逃亡の「おそれ」が生じたか又は強まった場合を意味するとされています。

なお、保釈中の再犯について、逃亡の「おそれ」に関する事情として考慮することは当然にできるとの指摘があります（田中伸一「保釈取消決定」令状実務詳解1073頁）が、あくまで、当該再犯が生じたことによって逃亡の「おそれ」がどの程度強まったかについて具体的に考える必要があります。窃盗事件で保釈されている被告人が、酔余のうえ傷害事件を起こしたところで、逃亡の可能性に影響を与えるものではないでしょう。そもそも、保釈条件として「再犯をしないこと」との条件を付けることはできないとされている以上、逃亡の可能性に影響を与えない再犯を考慮することはできません。

また、条文上は「疑うに足りる相当な理由」とありますので、当然ながら抽象的な判断では足りず、具体的・現実的可能性が生じたことが必要です。

③「被告人が罪証を隠滅し又は罪証を隠滅すると疑うに足りる相当な理由があるとき。」

権利保釈除外事由と同一の規定になっています。保釈の判断において89条４号該当性が認められなかった事案においては、保釈後に新たな事情が生じたか又は判明し、罪証隠滅をすると疑うに足りる相当な理由が認められることが必要です。89条４号に該当し裁量保釈された事案では、罪証隠滅をすると疑うに足りる相当な理由が既に存在していることが前提となって、それでもなお保釈が相当であるとされていることから、保釈後に新たな事情が生じたか又は判明し、罪証を隠滅すると疑うに足りる相当な理由が強まったことが必要です。

また、「相当な理由」とされていることから、２号と同様に抽象的可能性では足りず具体的・現実的可能性が生じたことが必要とされています。

④「被告人が、被害者その他事件の審判に必要な知識を有すると認められる

者若しくはその親族の身体若しくは財産に害を加え若しくは加えようとし、又はこれらの者を畏怖させる行為をしたとき。」

89条5号とは異なり、「したとき」とされており、現にこれを行ったことが要件とされています。

⑤「被告人が住居の制限その他裁判所の定めた条件に違反したとき。」

保釈の指定条件に違反したときとされています。ただし、指定条件に違反したことについて、被告人に帰責事由が存在することが求められています。

なお、住居の制限を遵守できない事情が生じた場合には、遅滞なく裁判所に連絡する義務があるとの裁判例があります（大阪地決昭和34・12・26下級刑集1巻12号2725頁〔27920672〕）。この事件はやや特殊ではありますが、別罪の確定判決によって収監されたような場合であっても、遅滞なく裁判所に報告しなければ、保釈取消しと保証金没取の危険があります。

（2）被告人から保釈取消しを申し出ることについて

余罪で再逮捕・再勾留され、余罪について保釈が難しい場合や、被害者との示談のため保釈保証金を回収しこれを示談金に充てたいという場合、制限住居を追い出されてしまい、ほかに住み続けられる所がないような場合など、保釈を継続するのではなく、被告人の方から保釈を取り消すことを希望するケースがあり得ます。

被告人から保釈取消しを申し出ることについては、条文上明記されておらず、請求権はないとされていますが、裁判所の職権発動を促すものとして認められるとされています。

もっとも、あくまで、職権発動を求めるものですので、被告人からの申出があっても、裁判所は保釈取消しをすべきでないと判断することもできますし、また、職権発動をしないことについて、（準）抗告などをすることはできません。

保釈取消しの申出をする場合には、取消しを求める理由を明らかにし、必要があれば疎明資料を付けるべきです。

(3) 保釈保証金の没取

保釈取消しになった場合には、裁判所は、決定で保釈保証金の一部又は全部を没取することができるとされています(96条2項)。

この没取の金額については、保釈取消事由の内容(保釈指定条件違反の程度の軽重、それによって生じた公判審理への影響)や没取による不利益の内容も考慮するとされています。一般的な傾向としては、逃亡の場合には全額が没取され、それ以外の場合には事情に応じて没取額が定められることが多いです。また、納付者・出捐者が有する事情についても考慮されることがあります(江見健一「保釈保証金没取」令状実務詳解1081頁)。

没取は必要的ではなく、裁量ですので、被告人からの申出によって保釈を取り消す場合には没取されることはないでしょう。

保釈取消しになったときは、没取されなかった保釈保証金については還付されます(刑事訴訟規則91条1項2号)。

2 実刑判決の場合の動き

禁錮以上の刑にする実刑判決(一部執行猶予判決を含む)が出されたときは、保釈はその効力を失います(343条)。

第一審においては、被告人に出廷義務があるところ、在廷している被告人に対して直ちに収容の手続がとられます。そのため判決後に帰宅して、収容に向けた準備等をすることはできません。

実刑判決の可能性がある事件では、保釈中、依頼者にあらかじめ判決時に直ちに収容される可能性があることを説明し、準備をしておいてもらうべきです。

他方で、無罪、公訴棄却、全部執行猶予や罰金判決等の場合には、勾留が効力を失います(345条)ので、当然ですが収容されることはありません。

控訴審において保釈されている場合には、控訴審では出廷義務がないので、出廷していない場合には、判決後に検察庁から出頭要請の通知が郵送されます。この場合は、判決後直ちに収容にはなりませんので、収容に向けた準備をする時間があります。

出廷して実刑判決が出された場合には即時収容の危険があります。東京高裁では現在、即日収容を行っていないようですが、条文上即日収容は可能です。一部高裁では即日収容された例もあるとの報告もあります。出廷する場合には依頼者に即時収容のリスクを説明して、それでも出廷するか否かの意思を確認しておく必要があります。

なお、控訴審で実刑となった場合に、判決確定後出頭の呼出しを受けても正当な理由なく出頭しないときには検察官の請求で保証金の全部又は一部が必要的に没取されることになります（96条３項）。

3 保釈保証金の返金

判決の言渡しがあると、保釈保証金の返金が行われます。弁護人が納付をしている場合には、多くの場合判決から２～３日程度で、裁判所から弁護人の口座に返金されます。

事前に誰にどのように返金されるようにするかを確認しておきましょう。

なお、（一社）日本保釈支援協会を利用した場合には、送金されてきた金額を（一社）日本保釈支援協会に返金します。契約者への送金は（一社）日本保釈支援協会が行っています。

5 事例検討

事例1 簡易な情状事件（覚醒剤自己使用等）

事例 1－1

【事案の概要】

Ａさんは、勤続15年の会社員です。妻と、小学生になる息子と３人で生活をしています。特に前科前歴はありません。自宅において単独で覚醒剤を使用したとして起訴されました。

Ａさんによると、Ａさんには、挙動に不審な点があり、警察官から職務質問を受け、尿の任意提出を求められ、これに応じたところ覚醒剤の陽性反応が出てしまい、警察官から覚醒剤を使用したのか問われたため、隠すことはできないと思い、覚醒剤を自分で使用したことを自供し、逮捕・勾留されたとのことです。

Ａさんは、勤務先の会社で新たなプロジェクトのリーダーに指名され、業務上の負担が増えたことなどによる仕事のストレスから、インターネットで覚醒剤の売人を探し、３か月前に覚醒剤を購入し、以降３回にわたって同じ売人と連絡をとり覚醒剤を購入したこと、その売人との連絡方法はＡさんしか知らず、覚醒剤については単独で使用しており、誰かと一緒に使用したこともないこと、面識がある友人らに覚醒剤の入手方法を聞いたこともないことを取調べで供述し、調書に署名押印もしたとのことです。

Ａさんによると、勤務先の会社には、事件のことを話してよいということでしたので、弁護人が事件のことを話したところ、会社としてＡさんを追い詰めてしまったことを深く後悔しており、Ａさんが釈放された場合には、会社に復帰してほしいと考えている、会社としてできることは協力するとの言質を得ています。

また、Ａさんは覚醒剤については全量消費しており、家宅捜索でも出てこなかったと警察から話をされたといっています。

【事案のポイント】

◎余罪なし（覚醒剤の所持もない）

◎固い客観的証拠がある

◎妻、子どもと同居して生活

◎前科前歴なし

◎入手先についても供述済

【解説】

本事例は、保釈請求の基本となる事例です。

覚醒剤の自己使用の法定刑は10年以下の懲役と定められています（覚醒剤取締法41条の３第１項１号、19条）。そのため、権利保釈除外事由の89条１号及び２号には該当しないことは明らかですし、覚醒剤の使用は３か月であり、常習として覚醒剤を使用していたという評価もできませんので同条３号にも該当しません。住所・氏名も明らかになっていますので、同条６号にも該当しません。

次に、89条４号該当性ですが、覚醒剤の自己使用の罪体立証に必要な証拠は、捜査機関が既に押収しており、これらについての信用性を低下させるような証拠をねつ造することは、極めて困難であり、被告人が釈放されたとしても検察官の罪体立証に関する証拠を隠滅・毀損する余地はありません。

重要な情状に関する証拠についてですが、覚醒剤の自己使用について量刑上影響がある情状事実としては、常習性・依存性に関する事実、犯行動機が考えられます。常習性・依存性に関する事実について、所持量や、使用開始時期に関する証拠が隠滅の対象となる証拠といえます。所持量については、捜査機関で証拠化していると考えられ、使用開始時期について、捜査機関で、被告人の弁解と大きく異なる証拠をつかんでいるような場合には格別の検討が必要ですが、特に大きな争いがない場合には、この点についての罪証隠滅の必要もないと思われます。

89条４号だけではなく５号該当性にも関する事項ですが、単独での覚醒剤の自己使用については、覚醒剤の売人が、常習性に関する事実を立証するための知識を有している者となり得ますが、A さんが売人について供述をしていること、特に個人的なつながりのある人物ではないことからすると、売人に対して、働きかけを行ったり、威迫等をしたりすることも考え難いです。

会社関係者については、使用開始時期に関する証人となり得ますが、保釈請求前から業務の負担が大きかったことなどの被告人にとってそもそも有利な供述をしていることを踏まえると、威迫の必要性がありません。また、立証との関係での重要度も高くないでしょう。

このように覚醒剤の自己使用については、基本的には、権利保釈が認められるべき事情がそろっています。そのため、理論的には、保釈の必要性・許容性を論じるまでもなく、保釈が認められることになります。

しかし、実務上、権利保釈の要件を満たしているようなケースであっても、保釈の必要性について勘案するような判断がなされることがあります。また、保釈そのものは認めるとしても、逃亡の危険性から、保釈保証金を高額にされることもあります。

そのため、本来的には権利保釈が認められるような場面であっても、保釈の必要性・許容性を論じることは重要です。

本事例においては、逃亡の危険性がないことを指摘していくことになります。ただし、有利に使えそうな事情について、羅列するのではなく、なぜ、それが有利に使えるかということを保釈請求書には書いていく必要があります。

また、権利保釈が認められると端的に書いても、89条４号、５号該当性があるとされる危険性があります。そのため、本事例のような事案においても89条４号、５号に該当しないことを論じていくことは必要です。

ところで、本事例において、A さんが取調べに対して、黙秘をしている場合ですが、既に述べているとおり、黙秘をしていることは、罪証隠滅の主観的可能性を考慮するうえでの一事情になるにすぎません。そのため、上述のとおり罪証隠滅の余地がないことを指摘することで十分対応可能であり、黙秘をしていることが保釈の足枷になるわけではありません。

弁解録取・勾留質問においても黙秘をしていた場合には、争点がどこになるのかという問題が生じます。罪体に関する争いがないことについて、弁面調書を作成し、これを資料として添付することによって、争点の範囲を絞ることが考えられます。

本事例は権利保釈が当然に認められる事案ですが、権利保釈を原則として認めていないような裁判所の現在の運用からすると、裁量保釈についても求めておくべきです。

本事例で、Aさんは、仕事上のストレスから覚醒剤を使用してしまったということです。仕事上のストレスにより追い込まれていたため、メンタルクリニック等の受診をさせ、回復させるためにはどのようにしたらよいか専門家と相談して決めることが望ましいといえます。また、精神的に追い込まれていたことに加えて、勾留が長期化することで、精神的にさらに追い込むことになりかねないことを指摘することも有用です。この場合、仕事状況に関して、職場の上司等の陳述書や、帰宅状況に関する報告書、家族の陳述書などが資料になり得ます。また、Aさんの現在の精神状態について、Aさんが留置施設で睡眠導入剤等を服用しているのであれば、Aさんから現在飲んでいる薬についての詳細を確認して、報告書にしておくのがよいでしょう。

逃亡のおそれがないことについては、妻子がいて、会社に勤務していること、会社も引き続き雇用を約束していること、初犯であり実刑になる可能性が低いこと等を指摘できます。

本事例では、身元引受人について、妻になってもらうのがよいでしょう。

■保釈請求書サンプル　事例１－１

令和○年　第○○○号　覚醒剤取締法違反被告事件
被告人　A

令和○年○月○日

○○地方裁判所　御中

上記弁護人　○○○○

保　釈　請　求　書

第１　請求の趣旨

Aを保釈する。
保釈保証金は金200万円とする。
との裁判を求める。

第２　請求の理由

１　事案の概要

本件は、A氏が、新規プロジェクトのリーダーとなったことによって生じた業務上のストレスからインターネットを通じて覚醒剤の売人を探し、覚醒剤を購入し、一人でこれを使用してしまった事案である。

A氏には妻子がおり、これまで前科前歴はない。また、勤務先は、引き続き雇用すること、会社としてサポートしていくとしている。

２　権利保釈

⑴　１号ないし３号及び６号について

本件では、１号ないし３号及び６号に該当しないことは明らかである。そこで以下４号及び５号に該当しないことについて述べる。

⑵　４号について

罪証を隠滅すると疑うに足りる相当な理由については、確実性までは要求されていないが、抽象的なものでは足りず、①対象事実、②態様、③余地、④主観的可能性から検討した結果として、具体的可能性があることが必要とされる。

対象事実となる「罪証」の範囲は、罪体及び重要な情状に限定される。本件における重要な情状としては、①使用の動機、②期間（常習性）である。

A氏が覚醒剤を使用した動機としては、仕事上のストレスであるところ、これを裏付けるものとしては、会社関係者の供述がある。また、期間（常習性）を裏付けるものとしては、仕事上の負担が増えた時期について会社関係者の供述が考えられる。また、覚醒剤を購入していた時期について売人との接触状況が考えられる。

このうち、会社関係者の供述については、既にＡ氏の上司であるＸ氏からの陳述書が作成されており、その中で、具体的に業務上の負担が増えた時期や、その頃のＡ氏の様子などについても記載されている。Ａ氏が、Ｘ氏に自身にとって有利な供述をするように働きかけることについては、そもそも、業務上の負担が増えていたこと等が陳述書にも記載されており、意味のあるものではない。そのため、罪証を隠滅する余地がない。さらに、自身にとって有利な内容となっていることから、Ａ氏が殊更Ｘ氏に働きかける必要もない。そのため、Ａ氏との関係について、４号該当性は否定される。

また、売人は、違法行為をしているところ、Ａ氏が働きかけをしても、Ａ氏に対して有利な陳述書を作成することや、情状証人として出廷することは考え難い。加えて、Ａ氏は売人とのやり取りについてインターネットを使用していたところ、Ａ氏のパソコンやスマートフォンの履歴等から、売人との接触状況について証拠化されている。売人との接触状況について、隠滅をする余地がない。

また、Ａ氏は、前科前歴がなく、本件について執行猶予付き判決が強く見込まれることや、判決後も勤務先が引き続き雇用するとしていることから、あえて隠滅行為をする必要性がなく、主観的可能性がない。

以上のように、本件については、罪証を隠滅すると疑うに足りる相当な理由は存在しない。

⑶　５号について

本件で５号に該当し得る事件関係者は、覚醒剤の売人のみである。

しかし、４号において検討したように、そもそも、売人について働きかけを行うことが無意味であり罪証隠滅の余地がないこと、主観的可能性が認められないことからも５号にも該当しない。

⑷　まとめ

以上のように、本件においては、権利保釈除外事由は存在しない。そのため、Ａ氏については、権利保釈が認められる。

３　裁量保釈

上述のとおり、Ａ氏については、権利保釈が認められるが、念のため裁量保釈についても触れておく。

⑴　逃亡の危険性が極めて低いこと

Ａ氏は、妻子とともに生活をしている。逃亡すると、妻子と離れた生活を余儀なくされる。他方で、本件については、執行猶予付き判決が強く見込まれるところ、長期間にわたる不自由な逃亡生活を送ることは不合理である。

また、勤務先もA氏の復職を待っているところ、これを蹴り、あえて逃亡生活を送る理由も存在しない。

A氏が逃亡する危険性は極めて低い。

⑵　メンタルクリニック受診の必要性

A氏は、仕事上のストレスから、覚醒剤を使用するに至った。その業務上のストレスは多大なものがあったと考えられる。勤務先は、本件事件を受け業務上の配慮を検討しているが、A氏の状態にあった配慮でなくてはならない。A氏が復帰後、やはり業務上のストレスが生じてしまうことは避けなくてはならない。そこで、A氏について、メンタルクリニックを受診させ、ストレスの原因、今後の対応等について専門家からの助言を踏まえて復帰計画を立てていくことが望ましい。

また、公判において、犯行動機とその解消については重要な情状事実となるところ、防御権の観点からもメンタルクリニックの受診は重要である。

既に○○クリニック（○○県○○市○○所在）に予約を入れている。

⑶　勾留の長期化が与える悪影響

A氏は勾留中、不眠を訴え、睡眠導入剤の処方を受けている。本件事件がストレスに起因するものであるところ、勾留が長期化することは、A氏のストレスが高まり、A氏の健康状態に更なる悪影響を及ぼす危険がある。

⑷　まとめ

以上のように、本件においては、権利保釈が認められるべき事案であるが、仮に権利保釈が認められないとしても、A氏が逃亡する可能性が極めて低いこと、勾留によりA氏の健康状態が害される危険があること、メンタルクリニックを受診できないことは社会生活上及び防御の準備上の不利益があるため、裁量保釈が認められるべきである。

4　その他

⑴　身元引受人

○○○○（A氏の妻）

⑵　制限住居

○○県○○市○○

⑶　面接

電話面接を希望する。

5　結論

以上のように、本件については、権利保釈除外事由がなく、権利保釈が認められるべきであり、少なくとも裁量でA氏を保釈すべきである。

なお、保釈保証金は金200万円を用意している。

以上

添付資料

1. 身元引受書（妻）
2. 報告書（○○クリニックについて）
3. 誓約書（A氏）

事例 1－2

【事案の概要】

Aさんは、勤続15年の会社員です。妻と、小学生になる息子と3人家族ですが、転勤によって1年前から、単身生活をしています。特に前科前歴はありません。自宅において単独で覚醒剤を使用したとして起訴されました。

Aさんによると、Aさんには、挙動に不審な点があり、警察官から職務質問を受け、尿の任意提出を求められ、これに応じたところ覚醒剤の陽性反応が出てしまい、警察官から覚醒剤を使用したのか問われたため、隠すことはできないと思い、覚醒剤を自分で使用したことを自供し、逮捕・勾留されたとのことです。

Aさんによると、Aさんは、慣れない単身生活で、家族とも離れていたことの孤独から精神的に追い込まれてしまい、インターネットで覚醒剤の売人を探し、3か月前に覚醒剤を購入し、以降3回にわたって同じ売人と連絡をとり覚醒剤を購入したこと、覚醒剤については単独で使用しており誰かと一緒に使用したこともないこと、面識がある友人らに覚醒剤の入手方法を聞いたこともないと供述し、調書に署名押印しましたが、売人については供述せず、調書には、「売人の名前は言えません」と記載され、署名押印してしまったとのことです。

Aさんによると会社には、事件のことを話してよいということでしたので、弁護人が事件のことを話したところ、会社としてAさんを追い詰めてしまったことを深く後悔しており、Aさんが釈放された場合には、会社に復帰してほしいと考えていること、会社として家族のいる元の勤務地に異動させること、その他会社としてできることは協力するとの言質を得ています。

妻も、当然、Aさんが家に戻ってくることを望んでいます。

【事案のポイント】

◎売人との連絡方法については供述していないこと

◎家族と離れて単身赴任生活をしていること

◎保釈後は、家族の元に帰る準備ができていること
◎家族の居所は、裁判所から離れた場所にあること

【解説】

権利保釈除外事由に関係し得る事情としては、売人との連絡方法について供述をしていないという点になります。このことが、売人に対して働きかけをしたり、また、お礼参り等をしたりすると評価されて、権利保釈除外事由に該当することを避ける必要があります。

しかし、覚醒剤の流通ルートの捜査のために、売人の情報というのは重要な情報であるといえますが、覚醒剤の自己使用という事件との関係では、罪体立証に影響を及ぼすものではありません。犯情について、売人が誰であるかによって量刑に大きく影響が出ることもありません。

売人について、供述を拒んでいることは、Aさんが再犯をする意思があるということや、反省をしていないことの表れだと評価することもできるでしょうが、少なくとも保釈における権利保釈除外事由との関係については無関係ということになるでしょう。

売人は、Aさんの常習性を知り得る者であり、常習性は、覚醒剤取締法違反の量刑に影響を及ぼす事実にもなり得ます。

そこで、権利保釈除外事由にならないのかを保釈請求書には説得的に書く必要があります。いろいろと考え方はありますが、①「罪証」に該当しないこと、②罪証隠滅の余地がないこと、③主観的可能性がないことについて、それぞれ指摘できる事情があります。

「罪証」に該当しないことについては、常習性が量刑上大きく影響を及ぼす事情であるかということ、本事例では、売人が知っているのはAさんが単身赴任を開始してからであり、売人は1年以上過去の話をすることはできず、常習性を裏付けるだけの事情を供述できることにならないと指摘することができます。

罪証隠滅の余地がないことについては、保釈されると、Aさんは、家族の元に帰ることになりますので、Aさんが売人と直接会うことは難しいと

いえます。また、Aさんがメールや SNS などを利用して売人と連絡をとっていたのであれば、捜査機関は既に売人との連絡手段を把握していると考えられ、売人に対する捜査を行っていてもおかしくありません。現実的に売人と連絡をとれる可能性も高くないでしょう。

主観的可能性がないことについては、初犯であり執行猶予が濃厚であることから罪証隠滅をするメリットが薄いことなどを指摘していくことになります。また、売人に関する弁面調書を作成することも1つの方法です。

裁量保釈に関する事実などについては、事例1－1とさほど変わりませんので割愛します。身元引受書や制限住居についてですが、妻に身元引受人をお願いし、妻の居所を制限住居とするのがよいでしょう。裁判所からは相当程度離れた遠隔地になりますが、出廷が確保できるのであれば、基本的に裁判所は遠隔地を制限住居とすることについて特段の問題を示すことはありません。ただし、保釈請求が認められた場合に、身元引受人が迎えに行き、制限住居まで連れて行くことができること、身元引受人が直接行くことができない場合でも信頼できる者が同行して、身元引受人にAさんを引き渡せるようにすることが望ましいです。

また、出廷の確保についても、誰が付き添うのかなどをあらかじめ検討し、用意しておくことが望ましいです。

添付資料についてですが、Aさんが家族の元に戻ることがポイントになりますので、会社からの聞き取りについて報告書を作成しておくことが望ましいです。

事例1-3

【事案の概要】

Aさんは、勤続15年の会社員です。妻と、小学生になる息子と3人で生活をしています。スーパーで清涼飲料水等を窃取したとして起訴されました。

Aさんによると、Aさんは、ここ約1年にわたって複数回万引きを行い、店員等に発見されましたが、これまでは、警察沙汰にならなかったことや、示談ができたため不起訴（1件）で終了していましたが、6か月前にコンビニエンスストアで、菓子類を万引きし、罰金の略式処分を受けたとのことでした。これらのほかに前科前歴はないということです。

Aさんによると、Aさんは、取調べで犯行動機について、お金がなくて万引きしたものではなく、スリルを求めてやっていた旨供述して調書に署名押印もしているとのことです。

他方で、Aさんは、不起訴になった件については取調べで話して調書にも記載されていると思う旨述べていますが、それ以外の件については特に話していないとのことです。また、以前に略式処分及び不起訴になった事件の際に行われた取調べにおいて、過去に警察沙汰になっていない事件のことについても特に話をしていません。

今回の事件を受けて、会社からは解雇する方針であることを伝えられています。

Aさんは、公訴事実については争うつもりはありません。

【事案のポイント】

◎短期間で複数回の同種犯罪

◎クレプトマニアをうかがわせる頻度及び犯行動機

【解説】

短期間で、複数回同種の事件を犯しているので、89条3号該当性について検討する必要があります。

約1年にわたる複数回の窃盗事件であり、いずれも万引きであり、犯行動機としてもスリルを目的とするもので共通していることからすると、常習性があるという方向に向かいます。

常習性があるといえるためには、習癖が認められる必要があるところ、そこまでは至っていないということを述べることが考えられます。幸いにして、不起訴1件と略式処分が1件あるものの、他の余罪は発覚していないことからすると、本事例を含めて3件しかないことを前提に主張ができます。そうすると確かに、短期間における同種余罪が多いものの、習癖と認めることはできないこと、保釈保証金では防ぐことができないほど逃亡のおそれが高い事案について類型的に権利保釈を認めないとした89条３号の趣旨からすると、「常習性」については限定的に解釈される必要があり、本事例では、執行猶予が十分に期待できる事案であるため、「常習性」は認められないなどと主張していくことが考えられます。

裁量保釈との関係では、スリル目的で不合理な万引きを繰り返していることからすると、クレプトマニアの可能性も考えられます。公判に向け、クレプトマニアその他精神状態に関する診察を受け、必要があれば治療をすることが弁護活動として１つの軸となり得、「防御の準備」になり得ます。勾留を継続することで、これの準備ができないことを指摘して、保釈の必要性を訴えることになります。

クレプトマニアなどの精神疾患に関する診察等を行っている病院は予約がある程度先になってしまうこともあります。事前に病院と連絡をとり、予約状況などを確認のうえ、受診予定の病院についての報告書を作成し、これを添付資料とします。

また、一般的には、精神疾患については本人が認めたくない傾向もありますので、保釈の際に本人と約束したうえで、同行する家族にもその旨を話すことの同意を得ておくべきでしょう。本人に任せておくことはトラブルを生じさせる可能性があります。

事例 1-4

【事案の概要】

Ａさんは、勤続７年目の会社員です。独身で親元から離れた地方で単身生活をしています。かねて好意を抱いていた会社の後輩のＢさん宅のベランダ（１階）に侵入しその下着を盗もうとしたところを逮捕・勾留され、起訴されました。

Ａさんは、弁解録取及び勾留質問においては、事実を認めていますが、取調べに対しては、黙秘をしています。

Ｂさんに対して示談の申入れをしたところ、Ｂさんは代理人弁護士を選任して、以降は代理人が交渉の窓口となりましたが、Ｂさんとしては、いかなる条件であっても示談に応じることはなく、また、処罰感情としては、非常に強いとのことでした。

Aさんによると、Bさんの自宅は、Aさんが仕事帰りに送っていくと申し出て調べ上げたとのことで、AさんはBさんの会社のメールアドレスは知っているものの、携帯電話番号や、SNS、プライベート用のメールアドレスは知らないと弁護人に話しています。

Aさんに前科前歴はありません。

なお、会社は、Aさんを解雇する方針で、Aさんの両親は今回の事件を知って、戻ってくるように話しており、Aさんも実家に戻る予定です。

【事案のポイント】

◎AさんとBさんは会社の先輩後輩の関係であり面識があること
◎AさんはBさんの自宅を知っていること
◎AさんからBさんへは会社のメールアドレス以外連絡手段がないこと
◎Bさんは示談を拒否していること
◎Bさんには代理人弁護士が就いていること

【解説】

Bさんは、被害感情等、重要な情状に関する事実について、Aさんにとって不利な供述をする可能性が高い人物です。また、Bさんは、Aさんに住所を知られており、プライベートな連絡手段は知られていないものの、会社のメールアドレスは把握されています。

下着泥棒は窃盗事件であり形式的には財産犯ですが、実体としては性犯罪です。そのため、被害感情はある程度重要な情状に関する証拠になり得ます。

Aさんとしては、Bさんに対して働きかけを行い、自身の罪を軽くしてもらうという動機があると想定されることで、89条4号及び5号該当性が考えられる事案です。

89条4号及び5号該当性を否定する事情としては、罪証隠滅の余地がないこと及び主観的可能性がないことを指摘していくことになります。罪証隠滅の余地がないことについては、Aさんが働きかけることが事実上極めて困難であることが挙げられます。Bさんに対して、Aさんが連絡をする手段としては、会社のメールアドレスを利用したメールと、直接Bさんの自宅に押し掛けるということが挙げられます。会社のメールアドレスであれば、Bさんとしても会社に対して助けを求めやすいですし、Aさんとしても会社のメールアドレスにメールすることは、上司らにみられる危険が生じます。

Bさんの自宅に押し掛けることについては、Bさんが警察に通報する等の対処が考えられますが、これに加えて、Bさんには弁護士が就いているので、AさんからBさんに接触があったときには、Bさんは弁護士に対して報告し、状況の調整を求めることが期待できます。Bさんに代理人弁護士が就いていることは、Bさんが助けを求めることができる人物がいるということでもあります。

抽象的には、罪証隠滅の可能性が高いようにみえますが、現実には接触をすることのリスクが高く、働きかけを行うことが困難であることを指摘していくことになります。

加えて、Aさんが保釈されたときの制限住居は、実家になるところ、Bさん宅から相当程度離れた場所に転居することになるので、実際に働きかけをすることが難しくなること等も指摘できます。

加えて、1時間以上の外出の際には、事前に要件を両親に話して許可を得たうえで外出すること等のルールを定め、保釈条件にするかどうかは裁判所の判断に任せるとして、罪証隠滅行為に出る可能性を減らす具体的な方法を提示することもよいでしょう。

事例２　執行猶予中・累犯者の保釈について

事例 2-1

【事案の概要】

Ａさんは、30代の女性です。両親と３人暮らしで会社員（正社員）として生活しています。Ａさんは、令和３年２月９日に、薬局から飲料、食品、洗剤等５点（約2000円）を万引きしたとされる窃盗罪の現行犯で逮捕され、その後勾留されました。

Ａさんは、被疑事実を認めています。

初回の接見でＡさんには前科があり、さらに現在はその執行猶予中であることがわかりました。その内容としては、スーパーから食品等７点を万引きしたという窃盗罪で、令和元年10月に窃盗罪で懲役１年執行猶予３年の判決を受けているとのことでした。その判決に至るまでに、Ａさんには、平成25年以降、同種の万引きでの前歴４件、罰金前科２犯があるそうです。

今回逮捕されたことでＡさんは、自分がクレプトマニアというものに該当するのではないかと思うに至りました。それまでは、自分が万引きをしてしまうことは自分の意思の弱さが原因で、その意思の弱さを克服すれば大丈夫だと考えていたということでした。しかし、今回の逮捕を受けて、意思の問題ではないのではないかという思いに至り、専門クリニックでの治療を希望するに至りました。

捜査段階で、薬局とは示談が成立しました。弁護人は、検察官に対して今回はＡさんを略式請求で罰金刑にすべきだという意見書を送りましたが、Ａさんに対して、令和３年２月20日、被疑事実と全く同じ事実で公判請求がされてしまいました。

【事案のポイント】

◎執行猶予中であること

◎同種の前科前歴が多数あること

◎専門クリニックでの治療を希望していること

【解説】

1 執行猶予中の依頼者が置かれている立場

刑法25条２項は、「前に禁錮以上の刑に処せられたことがあってもその刑の全部の執行を猶予された者が１年以下の懲役又は禁錮の言渡しを受け、情状に特に酌量すべきものがあるときも、前項と同様とする。ただし、次条第１項の規定により保護観察に付せられ、その期間内に更に罪を犯した者については、この限りでない。」と規定しています。

Ａさんは約１年４か月前に懲役１年執行猶予３年の判決を受けていますので、現在執行猶予中ということになります。そうだとすれば、Ａさんが再び執行猶予付きの判決を受けるためには（以下、「再度の執行猶予」といいます）、今回の裁判の結果が１年以下の懲役となり、かつ、「情状に特に酌量すべきものがあるとき」に該当すると判断されなければなりません。換言すれば、そのような場合に該当するといえない限りは、Ａさんは実刑判決を受けてしまうことになります。

このことは、保釈を担当する裁判官からみた場合には、Ａさんは実刑になる可能性が高く、したがって裁量保釈を考えるに当たって、逃亡のおそれが相対的に高い被告人に該当するということになります。したがって、執行猶予中の依頼者の場合はこの点のフォローが鍵になります。

一方で、弁護人としては再度の執行猶予の獲得を目標としなければならないケースです。再度の執行猶予を得るためには、「情状に特に酌量すべきものがあるとき」という刑法25条２項が設定する要件をクリアしなければなりません。

この刑法25条２項にいう「情状に特に酌量すべきものがあるとき」とは、犯情が特に軽微で、かつ、更生の見込みが大きいことを意味するとされています（前田雅英ほか編『条解刑法〈第3版〉』弘文堂（2013年）58頁）。犯情が特に軽微といえるためには、例えば、Ａさんを精神科医にみてもらうなどして窃盗症等に罹患しており、行動制御能力が（心神耗弱には至らないとしても）阻害されていたと主張立証することが考えられますし、更生の見込みが大きいことを主張立証するために、Ａさんには社会内で専門クリニックに通う等してもらう必要があるといえます。Aさんの前科関係からみるとクレプトマニアに罹患している可能性は相当程度高そうです。しかし、Aさんが勾留されているままだとこれらの活動をすることは不可能だといえるので、弁護人としては何としても保釈を獲得したい事案であるといえます。

なお、近年では、執行猶予中の依頼者でも身上が安定していれば、そもそも勾留されずに在宅のまま捜査が進められることもよくあります。筆者の経験でも、勾留請求が却下されて（検察官の準抗告も棄却され）、在宅のまま捜査が進み、在宅のまま起訴されたというケースが複数件あります。「情状に特に酌量すべきものがあるとき」という刑法25条２項が設定する要件をクリアするためには、可能な限り早く専門クリニックに通う必要がありますので、このような事件では、被疑者段階から勾留を争うことが肝要です。それでも釈放ができなかった場合に、起訴されたらすぐに保釈できるように準備をしておきましょう。

以上のケースは、執行猶予中の依頼者を想定していますが、前回の裁判で執行猶予に保護観察が付されているか否かを必ず確認しましょう。近年では、保護観察の利用が積極的に行われるようになっており、はじめて裁判を受けたようなケースであっても、保護観察に付されるケースが増えているように感じます。保護観察に付されている場合には弁護活動が全く変わってきます。すなわち、刑法25条２項ただし書は、「保護観察に付せられ、その期間内に更に罪を犯した者については、この限りでない。」と規定しており、保護観察に付されていると再度の執行猶予を付すことが法律上できなくなります（もちろん、これを違憲だと主張することは可能です）ので、そのような場合には公判請求されてしまうと実刑になる可能性が極めて高いです。もちろん、実刑ではなく罰金刑にすべきであると主張することになりますが、公判請求されてしまうと極めて難しいので、保護観察中の場合は捜査段階で罰金刑を求める活動をしましょう。

2　保釈請求

⑴ 権利保釈について

窃盗罪の法定刑は10年以下の懲役又は50万円以下の罰金と定められています（刑法235条）。そのため、権利保釈除外事由である89条１号、２号には該当しません。住所・氏名も明らかになっていますので、同条６号にも該当しません。この点は、保釈請求書に書く必要すらないでしょう。

次に、同条４号（被告人が罪証を隠滅すると疑うに足りる相当な理由があるとき）及び５号（被告人が、被害者その他事件の審判に必要な知識を有すると認められる者若しくはその親族の身体若しくは財産に害を加え又はこれらの者を畏怖させる行為をすると疑うに足りる相当な理由があるとき）についてですが、万引きの類型で考えられるのは、当該店舗の店長と現行犯逮捕した店員（警備員）への接触が挙げられます。しかし、本事例では既に示談が成立しているため、それにもかかわらず罪証隠滅や威迫しに行くということはあり得ませんし、これらの人の調書は既に作成済みだと考えられますので実効性もありません。そして、薬局という場所である以上、犯行や逮捕時の行動は防犯カメラに撮られていると考えられるため(事実を争わない事件でも、現場に防犯カメラがあるかどうかを確認しに行ったうえで起案すると、より説得力のある保釈請求書になります)、やはり実効性がありませんので同条４号、５号に該当するとはいえないでしょう。

この種の事案での最大の難問は、同条３号該当性（被告人が常習として長期３年以上の懲役又は禁錮に当たる罪を犯したものであるとき）です。窃盗罪は「長期３年以上の懲役又は禁錮に当たる罪を犯したものであるとき」に該当します。そして、同条３号にいう「常習」とは、現に起訴されている罪（勾留されている事実）についての常習性をいい、その罪について常習性が犯罪の構成要件要素となっている場合（常習累犯窃盗など）だけではなく、広く一般に、その罪が常習として行われた場合を含むとされており、その常習性は諸般の事情から認められれば足り、前科の有無は問わないとされています（条解刑事訴訟法〈第4版増補版〉188頁)。そうすると、同種の万引きでの前歴４件、罰金前科２犯があり、さらに令和元年10月に窃盗罪（万引き）で懲役１年執行猶予３年の判決を受けているとなると、この常習性を否定するのは違憲論を唱えない限りは困難だといえます。

裁量保釈の場面では、確かに常習性も逃亡のおそれ等を判断する際の１つの事情として考慮されることになりますが、それだけで保釈が否定されることはありません。したがって、この種の事案では、「常習性」に関する厳しい論証に挑んで起案時間を浪費するよりも、最初から裁量保釈しか主張しないというのも弁護戦略としてあり得るといえるでしょう。

⑵ 裁量保釈について

ア 罪証隠滅・逃亡のおそれ

罪証隠滅については権利保釈除外事由で述べた部分と重なります。

逃亡のおそれについてですが、本事例ではＡさんは両親と同居しており、正社員として会社に勤務しているということですから、身上は安定しているといえます。これらの安定した状況と、「実刑になるかもしれないからこの状況を捨ててでも逃げるだろう」という反対仮説との利益衡量ということになります。常識的に考えて、このような状況でわざわざすべてを捨てて逃げるというのは考えにくいですが、裁判官が安心して判断するためにはもう少し事情を加えた方が親切だといえるかもしれません。

後述のように、本事例では防御上の不利益として、勾留されたままでは専門クリニックに通えないという主張をすることになると思いますので、専門クリニックにどの程度の頻度で通い、その間の送迎等をどうするのかということを具体的に疎明すべきでしょう。例えば、①専門クリニックは週６日、午前９時～午後７時までの間あり、行きも帰りも母親が送迎する予定である（もちろん、そこまでしなくてもよいでしょう）、②この専門クリニックでは、Ａさんが治療プログラムに遅刻・欠席するようなことがあった場合には、すぐにクリニックのスタッフから弁護人（送迎しない場合には家族にも）に連絡をする旨の確約がとれている（その旨の電話聴取書等があればよいでしょう）等の事実を疎明することが考えられます。

このような更生環境が整っており、再度の執行猶予が具体的に目指せる環境があるのに、その環境と保釈保証金をすべて捨てて逃亡する現実的・具体的な可能性は存在しないと主張するべきでしょう。

イ 健康上、経済上、社会生活上の不利益の程度

本事例のように、会社で正社員として働いている地位があった場合には、それ自体、勾留を続けることの経済上・社会生活上の不利益にはなり得ますが、防御のために例えば前述のような専門クリニックに毎日通うという主張をする場合には、会社は休職せざるを得ませんので、その点が保釈請求書上で矛盾しないようにしましょう。もちろん、会社が休職してでも治療を優先してよいといっているような場合であっても、実刑になった場合には解雇等の措置があり得るわけですから、勤務先をAさんが失うことは、Aさんが今後更生していくうえで障害になるという主張は可能でしょう。

ウ 防御上の不利益の程度

この種の事案では、弁護人としては防御上の不利益に重点を置くべきでしょう。本事例は、Aさんが抱える精神障害（クレプトマニア）の影響により行われた万引きであるところ、Aさんの真の再犯防止を実現するためには、専門医療機関における根本的な治療・回復が必要不可欠であるという主張が、保釈においても、公判で再度の執行猶予を獲得するためにも中核になるというべきでしょう。そうすると、本件発生後、弁護人を通じて、クレプトマニアの専門医療機関に連絡をとり、釈放後直ちにAさんの治療を行うための治療体制が整えられているといえることが必要です。保釈請求までに、捜査段階から同時並行的にこのための活動をしておきましょう。また、Aさん自身がそれを望んでいないと、このような活動はできません。捜査段階の早い段階からAさんに提案して同意を得ましょう。そして、保釈請求書には、Aさんも、治療に専念して、長年患ってきた前記障害を克服したいと強く希望していることを記載しましょう。Aさんに対しては必要な治療を直ちに受けさせることこそが、被告人の万引きの再犯を防止し、被告人の更生を図るという、刑法の目的にもかなうものであると主張すべきです。クレプトマニアに罹患している患者に対しては、窃盗の衝動性が高まったときに、その抑止を本人の意思のみに委ねるということは現実的ではありません。窃盗行為に対する衝動障害がある中で、その抑止を本人の意思だけに委ねるのは、あまりに酷であるし、再犯防止の手段としても非現実的で実効性がありません。Aさんに対しては専門医療機関での早期・継続的治療を施すことが肝要であることを保釈請求書に記載し、保釈面接などでも裁判官を説得しましょう。

エ 小括

結局、すべての事案に当てはまりますが、裁量保釈は、依頼者が逃亡又は罪証隠滅した場合の不利益と依頼者が被る不利益の比較衡量であり、後者が大きければ保釈が許されるという制度ですから、前者が小さく、後者が大きいということを説得的に論証することが肝要です。

事例 2-2

【事案の概要】

Aさんは、50代の女性です。令和3年2月9日にスーパーから食品1点（約300円）を万引きしたという窃盗罪の現行犯で逮捕され、その後勾留されました。Aさんは、被疑事実を認めています。弁護人に対し、その日は、友人とランチに行く約束をしており、それまで時間があったので、ランチを食べるレストランの近くにあった本件スーパーに立ち寄ったところ、夕飯に食べるのにいいかもしれないと思い、寿司1パックを手にとってそのまま持っていたトートバッグの中に入れてしまったと説明しています。

また、Ａさんは、令和元年６月26日に窃盗罪により懲役10月に処せられ、令和２年４月５日にその刑の執行を受け終わっていることを告げました。その内容も、本件とは別のスーパーから食品を万引きしたというものであったそうです。さらに聞いていくと、Ａさんは、同種の万引きでの前歴２件、前科３犯があるそうです。前刑による刑務所からの出所後、就職をすることができたものの、今回逮捕されたことでその会社がどうなるかわからないそうです。

Ａさんは、夫と２人で暮らしているものの、夫からのDVに悩まされており、車で５分ほどの距離に住む両親は夫と離婚してほしいといっているが、なかなか踏ん切りがつかず現在に至っているとのことでした。

弁護人からクレプトマニアの話をしてみると、前刑による刑務所からの出所後にそういう記事をネットでみたことはあるが、自分がそうだとは思わなかった、前刑の裁判の際に弁護人から聞いたこともなかったし、服役中も特に再犯防止プログラムのようなものはなかったということでした。そして、今回の逮捕で両親から同じことをいわれ、自分もそうかもしれないと思ったが、夫は自分の意思が弱いだけでクレプトマニアだとは認めないといっているとのことでした。現在は、Ａさんとしては、治療プログラムがあるのであれば受講したいということです。

なお、本件スーパーとは示談が成立しました。

【事案のポイント】

◎前刑による刑務所からの出所後１年も経過していないこと

◎同種の前科前歴が多数あること

◎専門クリニックでの治療を希望していること

◎原因に夫からのDVが関与している可能性があること

【解説】

1　累犯の依頼者が置かれている立場

刑法25条１項柱書は、「次に掲げる者が３年以下の懲役若しくは禁錮又は

50万円以下の罰金の言渡しを受けたときは、情状により、裁判が確定した日から１年以上５年以下の期間、その刑の全部の執行を猶予することができる。」としたうえで、同項２号は「前に禁錮以上の刑に処せられたことがあっても、その執行を終わった日又はその執行の免除を得た日から５年以内に禁錮以上の刑に処せられたことがない者」と規定しています。そうすると、前刑による刑務所からの出所後（正確には、刑の執行を受け終わってから）、５年間は、執行猶予付きの判決をすることは法律上できないことになります。そのため、累犯の方は、公判請求をされた場合には実刑判決を受けるか、罰金刑が用意されている罪名であれば罰金刑を受けるかのどちらかということになります。

Ａさんは、令和２年４月５日にその刑の執行を受け終わっており、公判請求された時点では10か月程度しか経過していないため、Ａさんの裁判が終わるまでに５年が経過するというのは特段の事情がない限り不可能だといえるでしょう。

このことは、保釈を担当する裁判官からみた場合には、Ａさんは実刑になる可能性が極めて高く、したがって裁量保釈を考えるに当たって、逃亡のおそれが相対的に高い被告人に該当するということになります。したがって、累犯の方の場合もこの点のフォローが鍵になります。

一方で、Ａさんには執行猶予付きの判決が法律上不可能であるとすれば、Ａさんの弁護方針としては、捜査段階でも罰金を目指し、公判段階でも罰金（若しくは無罪）を目指すということになります。そのためには、例えば社会内で専門クリニックに通うなどしてもらうことも考えられますし、あるいは精神科に通い精神鑑定をすることも視野に入れるべきでしょう。本事例では、前刑の際も食品の万引きであり、今回も食品の万引きで逮捕されていたり、しかもそれが友人とランチに行く直前になされたりしていますので、摂食障害なども疑われます。そのため、弁護人としては何としても保釈を獲得したい事案であるといえます。なお、近年では、累犯の方でも身上が安定していれば、そもそも勾留されず在宅のまま捜査が進められることもあります。筆者の経験でも、勾留請求が却下されて（検察官の準抗告も棄却され）、在宅のまま捜査が進み、在宅のまま起訴されたというケースがあります。捜査段階で罰金を目指したり、公判で罰金や無罪を目指すためには、可能な限り早く専門クリニックや精神科等に通う必要がありますので、このような事件であっても、被疑者段階から勾留を争うことが肝要です。それでも釈放ができなかった場合には、起訴されたらすぐに保釈できるように準備をしておきましょう。

2　保釈請求

(1) 権利保釈について

窃盗罪の法定刑は10年以下の懲役又は50万円以下の罰金と定められています（刑法235条）。そのため、権利保釈除外事由である89条１号、２号には該当しません。住所・氏名も明らかになっていますので、同条６号にも該当しません。この点は、保釈請求書に書く必要すらないでしょう。

次に、同条４号（被告人が罪証を隠滅すると疑うに足りる相当な理由があるとき）及び５号（被告人が、被害者その他事件の審判に必要な知識を有すると認められる者若しくはその親族の身体若しくは財産に害を加え又はこれらの者を畏怖させる行為をすると疑うに足りる相当な理由があるとき）についてですが、万引きの類型で考えられるのは、当該店舗の店長と現行犯逮捕した店員（警備員）への接触が挙げられます。しかし、本事例では既に示談が成立していますから、それにもかかわらず罪証隠滅や威迫しに行くということはあり得ませんし、これらの人の調書は既に作成済みだと考えられますので実効性もありません。そして、スーパーという場所である以上、犯行や逮捕時の行動は防犯カメラに撮られていると考えられますから、やはり実効性がありません。同条４号、５号に該当するとはいえないでしょう。

この種の事案での最大の難問は、同条３号該当性（被告人が常習として長期３年以上の懲役又は禁錮に当たる罪を犯したものであるとき）です。窃盗罪は「長期３年以上の懲役又は禁錮に当たる罪を犯したものであるとき」に該当します。そして、同条３号にいう「常習」とは、現に起訴されている罪（勾留されている事実）についての常習性をいい、その罪について常習性が犯罪の構成要件要素となっている場合（常習累犯窃盗など）だけではなく、広く一般に、その罪が常習として行われた場合を含むとされており、その常習性は諸般の事情から認められれば足り、前科の有無は問わないとされています（条解刑事訴訟法〈第4版増補版〉188頁）。そうすると、同種の万引きでの前歴２件、前科３犯があり、さらに令和元年６月26日に窃盗罪により懲役10月に処せられ、令和２年４月５日にその刑の執行を受け終わっているとなると、この常習性を否定するのは困難だといえます。

裁量保釈の場面では、確かに常習性も逃亡のおそれ等を判断する際の１つの事情として考慮されることになりますが、それだけで保釈が否定されることはありません。したがって、この種の事案では、「常習性」に関する厳しい論証に挑んで時間を浪費するよりも、最初から裁量保釈しか主張しないというのも弁護戦略としてあり得るといえるでしょう。

⑵ 裁量保釈について

ア 罪証隠滅・逃亡のおそれ

罪証隠滅については権利保釈除外事由で述べた部分と重なります。

逃亡のおそれについては、事例２-１で述べたとおり、抽象的な可能性はあるでしょう。しかし、本事例のような場合には、一度刑務所を経験し、そのうえで再び同じ環境（実家の両親が近くに住んでいる夫の家）に戻ってきていますから、少なくともＡさんには今後も生まれ育った現在の環境に定着する意思があるといえるでしょう。ただし、今回はもしかしたら窃盗症の原因が夫からのDVにあるかもしれないという特殊な点があります。この点については、「⑶保釈条件をどうするか」で詳述します。いずれにせよ、無罪か罰金を目指さなければならないケースですから、専門クリニック等の支援が必要不可欠であり、その専門クリニック等の支援を逃亡のおそれを低下させる事情として主張することになります。

イ　健康上、経済上、社会生活上の不利益の程度

この点も事例２-１とほとんど同じです。「⑶保釈条件をどうするか」で詳述するように、本事例では、現在住んでいる場所とは別の場所で生活を始めるということもあり得ます。そのような場合には、あえてこの要素を保釈請求書で論じるメリットは乏しいでしょう。

ウ　防御上の不利益の程度

累犯でも防御上の不利益の程度に重点を置くということは変わりません。この際、裁判例を調べて、クレプトマニアの事案で心神喪失となった裁判例、心神耗弱となった裁判例や累犯で罰金刑を言い渡した事案などを保釈請求書に盛り込むべきでしょう。支部の裁判官や普段民事事件しか扱っていない裁判官などは、累犯＝実刑＝保釈却下という単純な図式を描いている人が多い印象です。筆者の経験でも、同種の事案で保釈請求をしたものの、保釈面接で89条３号に該当するから保釈できないとしかいわない裁判官に遭遇したことがあります。そもそも保釈請求書には裁量保釈の話しか書いていなかったのですが、その事案では、その裁判官に保釈請求を却下されました。しかしその後、準抗告をして準抗告が認容され、無事に保釈が許可されました。いまだにそのような裁判官が存在することを前提に、先回りした保釈請求書を作成するということも必要かもしれません。

⑶ 保釈条件をどうするか

さて、本事例で一番頭を悩ませなければならないのは、保釈条件をどうするか、具体的には制限住居をどこにするかという問題と身元引受人を誰にするかという問題です。

まず、「何も変えない」ことを第一の選択とするのであれば、従来生活していた夫との同居を再開するということが考えられるでしょう。しかし、Ａさんの話によれば、夫からのDVに悩まされているということでした。クレプトマニアはうつ病がきっかけで発症することも多いです。つまり、日頃のDVによって失われた自己肯定感を、窃盗を成功させるということで回復していくうちにその行動を制御できなくなるというものです。Aさんがクレプトマニアとなってしまったのは、夫からのDVが原因である可能性も十分にあります。そうすると、Aさんが夫と離れない限り、そのストレスによって再発してしまったり、夫の干渉によってクレプトマニアの治療を十分に受けられないなど、回復することが困難な状況に陥ることも十分に考えられます。それゆえ、Aさんの気持ち次第ではありますが、Aさんの両親も離婚を望みAさんの支援を約束してくれているというのであれば、Aさんと相談して、夫の元には戻らないという選択をすることも十分にあり得ます。この点は、Aさんとよく相談して決めましょう。したがって、制限住居は夫の家ではない場所を選択することも考えるべきでしょう。

次に、両親が住む実家を制限住居にすることが考えられます。しかし、夫と同居するよりは少しはよいかもしれませんが、夫が治療に理解を示さず、かつ、車で5分程度の近い距離に住んでいるということを考えれば、夫が干渉しに来る（あるいは、連れ戻しに来る）ということも想定しなければなりません。したがって、夫と一緒に生活をしていた家には帰らないという選択をする場合には、車でわずか5分の場所にある実家に帰るという選択も、やや消極的にならざるを得ないでしょう。

そうすると、第三の選択肢として、クレプトマニアの治療を行っている病院に入院するということが考えられます。ここが自宅や実家から離れた場所にあれば、Aさんは夫のことなどを心配することなく安心して治療に臨めます。実務上、入院先を保釈の制限住居とすることは頻繁にみられることであり、本事例ではそのような選択をとることがむしろ現実的だというべきでしょう。もっとも、これらの病院に入院するには相当前からの根回しが必要になります。病院によっては満床で、入院するのに数か月待つ必要がある場合もあります。そのため、複数の候補をピックアップしたうえで、捜査段階の早い時期からこの方針をとることを依頼者や家族と相談、決定し、病院に打診をしなければなりません。そして、病院の先生と相談し、入院の時期と保釈の時期を一致させなければなりません。このようなケースでは素早い方針決定と弁護活動が必要になります。

また、実際の保釈条件になることは少ないですが、釈放されてから病院まで誰がどのようなルートで送るか、病院から公判期日に出頭するときに誰がどのようなルートで送るかという点も事前に家族等と話し合っておき、保釈請求書に保釈条件のように誓約事項として盛り込んでおくと、裁判官も安心して保釈決定を出すことができるでしょう。

■保釈請求書サンプル　事例2-2

令和○年（○）第○号　窃盗被告事件
被告人　○○○○

保　釈　請　求　書

令和○年○月○○日

○○地方裁判所　第○刑事部　御中

〒○○○－○○○
○○県○○市○○区○○
○○法律事務所
TEL ○○○－○○○－○○○○
FAX ○○○－○○○－○○○○
弁護人　○○○○

上記被告人は頭書被告事件について勾留中であるところ、下記の理由により、保釈を請求する。

記

第1　裁量保釈を認めるべき事由の存在

被告人には、以下のとおり、裁量保釈（刑事訴訟法90条）を認めるべき事由が存在する。

1　罪証を隠滅すると疑うに足りる相当な理由がないこと

現時点ではまだ証拠は開示されていないものの、本件公訴事実を証明する証拠としては、①スーパーに被告人が入店する様子が映る防犯カメラ映像、②スーパー内を移動する被告人が映る防犯カメラ映像、③万引き行為を現認した警備員等の目撃者の供述、④被告人のカバンから商品が出てきたことに関する写真撮影報告書、⑤当該被害品それ自体、⑥当該商品が当該スーパーの売り物であることに関する店長の供述、在庫の記録等が考えられる。そして、これらはすべて捜査機関において収集済みであると考えられ、今後被告人の身体拘束が解かれても、被告人がこれらの証拠を隠滅する余地はない。唯一考え得る罪証隠滅方法としては、被害店舗の店長や警備員への働きかけを抽象的に観念することはできるが、既に客観的証拠がすべて押収されているうえ、店長らの供述調書等も既に作成済みであるし、防犯カメラという最も客観的な証拠が隠滅不可能である以上、店長らへの働きかけには何ら実効性がないというべきである。

また、被告人は、弁護人を通じて、被害店舗に対して心より深く謝罪し、被害弁償を行ったことにより示談が成立している（資料１：示談書）。また、被告人は、今後、被害店舗の店長及び従業員（警備員を含む）には一切接触・連絡しないこと、今後二度と被害店舗内には立ち入らないこと、証拠隠滅を疑われるような行動を一切しないことを固く誓約している（資料２：被告人の誓約書）。このような被告人には、罪証隠滅の主観的可能性は一切存在しない。

このように、被告人には罪証隠滅の主観的可能性が一切存在せず、罪証隠滅の具体的・現実的なおそれも一切認められない以上、「被害者を威迫する可能性がある」という抽象的な可能性をもって、罪証隠滅のおそれを認定することが許されないことはいうまでもない。

したがって、「罪証を隠滅すると疑うに足りる相当な理由」はない。

2　逃亡を疑うに足りる相当な理由がないこと

被告人は前刑において実刑判決を受けているため、今回も実刑判決が下される可能性は高いと思われるかもしれない。そのため、被告人には逃亡の抽象的な可能性はあるものの、以下のとおり、逃亡の現実的・具体的なおそれはないといえる。

被告人は、現在の夫と２人で暮らしているが、保釈後は○○病院に入院をする予定であり、○月○日に診察の予約も入れている。被告人は、今回の事件をきっかけに、初めて自分がクレプトマニアであるかもしれないということを認識し、○○病院での専門的な治療を受けることを強く望んでいる。被告人がそのような機会を捨てて逃亡をするとはおよそ考えられない。なお、被告人には万引きで刑事施設収容歴があるが、これまでの刑事手続きを通じて、一度も、誰からもクレプトマニアの可能性を示唆されたことも、医療につながるように示唆されたこともない。

被告人の母親は、同人の身元を引き受け、同人を監督し、同人の治療を支援することを誓約している（資料３：被告人の母親の誓約書）。また、被告人の父親も、本件事案の内容及び被告人の精神障害の状況をすべて理解し、真摯に受け止めたうえで、被告人の身元を引き受け、同人の監督及び治療の支援を固く誓約している（資料４：被告人の父親の誓約書）。被告人も、両親及び妹の指導・監督に服することを誓約している。被告人が治療を支援してくれる家族の信頼を裏切り、逃亡することなどあり得ない。

被告人は、入院後、すべての時間を同院にて過ごすことになり、同院の医師・精神保健福祉士・スタッフらによる継続的な監督・支援も期待できる。万が一、被告人が病院を抜け出すようなことがあった場合には、同院のスタッフから直ちに弁護人に連絡をする旨の確約ができており、被告人の両親とともに、同院のスタッフ・医師・精神保健福祉士ら及び弁護人が緊密に連絡をとり合い連携しながら、被告人の治療と更正を支えていく所存である。

被告人は、今回再び万引きをしてしまった事実を真摯に受け止めており、公訴事実をすべて認めて自己の犯した過ちを深く反省していること、本件犯行に影響を与えた自己の精神障害（クレプトマニア）と真摯に向き合い、その抜本的な回復が必要不可欠であることを強く認識している。被告人は、今後は治療に専念することを固く決意していること、医療機関も既に被告人の受け入れ態勢を整えていること、被告人の最も近くにいる、両親・妹らが被告人の治療を支えていること等に照らすと、被告人がその治療環境、親身になって支えてくれる家族の信頼・愛情、治療をサポートしてくれる医療スタッフらの信頼・支援、そのすべてを捨てて、逃亡という割に合わない行為をするとはおよそ考え難い。よって、被告人には、逃亡の具体的・現実的なおそれは存在しない。

このように被告人の身上は安定しており、適正な保釈保証金を納付すれば、それを捨ててまで逃亡すると疑うに足りる相当な理由は存在しない。

3 保釈の必要性

本件は、被告人の抱える精神障害（クレプトマニア）の影響により行われた万引きであるところ、被告人の真の再犯防止を実現するためには、専門医療機関における根本的な治療・回復が必要不可欠である。本件発生後、弁護人を通じて、クレプトマニアの専門医療機関である、○○病院に連絡をとり、釈放後直ちに被告人の治療を行うための治療体制が整えられている。被告人も、治療に専念して、長年患ってきた上記障害を克服したいと強く希望している。被告人に対しては必要な治療を直ちに受けさせることこそが、被告人の万引きの再犯を防止し、被告人の更生を図るという、刑法の目的にも適うものである。クレプトマニアに罹患している患者に対しては、窃盗の衝動性が高まったときに、その抑止を本人の意思のみに委ねるということは現実的ではない。窃盗行為に対する衝動障害がある中で、その抑止を本人の意思だけに委ねるのは、あまりに酷であるし、再犯防止の手段としても非現実的で実効性がない。被告人に対しては専門医療機関での早期・継続的治療を施すことが肝要である。したがって、保釈の必要性が高度に認められる。

他方で、前述のとおり、本件では罪証を隠滅すると疑うに足りる理由も逃亡を疑うに足りる相当な理由も存在せず、仮にわずかに認められるとしても、保釈保証金及び保釈条件が十分な担保となる。

したがって、本件では裁量保釈が認められるべきである。

第2　結論

以上述べたとおり、被告人には裁量保釈事由が存在することから、速やかに被告人を保釈する旨の決定を出されたい。

第3　その他

1　身元引受人

○○○○（被告人との関係：母親）

○○○○（被告人との関係：父親）

2　制限住居

○○県○○市○○

○○病院

3　希望保釈金

○○万円

4　裁判官との面接

裁判官との電話面接を希望いたします。

以　上

添付資料

1．示談書

2．誓約書（被告人）

3．誓約書（被告人の母親）

4．誓約書（被告人の父親）

事例3 一般的な否認事件（保釈請求のタイミング等）

事例 3-1

【事案の概要】

Aさんは、新宿駅から渋谷駅までの間で痴漢したとして、強制わいせつ罪の疑いで逮捕・勾留されました。渋谷駅で降りる際に、突然、女子高生風の女性から手をつかまれ、「痴漢です」といわれたそうです。Aさんはすぐに否定しましたが、すぐ近くにいた駅員に連れられて駅員室に行き、その後やってきた警察官に警察署まで連行され逮捕されたとのことです。警察署に連行されて、すぐにDNA・繊維鑑定のための検査をしたようです。取調べでは、Aさんは、「自分は痴漢などやっていない」と被疑事実を否認し、黙秘しました。なお、被疑事実の要旨は、その女性の陰部を直接触ったとされているようです。

Aさんには妻と中学生の娘、小学生の息子という２人の子どもがいるようです。逮捕されたのは会社への通勤の途中でした。勤続20年で現在は営業部長の職にあります。Aさんには前科も前歴もありません。

被害者とされる女性（高校生と思われる）とは面識もなく、これまでみた記憶もないそうです。

Aさんに対して、被疑事実と全く同じ事実で公判請求がされました。

【事案のポイント】

◎被害者とされる女性とAさんの供述が対立することが予想されること
◎通勤途中であること
◎考えられる客観的証拠が限定的であること

【解説】

1 保釈請求のタイミング

まず、大前提として、否認事件であったとしても勾留を争いましょう。否認事件だから勾留されるのはやむなし、などという考えを弁護人が持ってしまうことは人質司法への加担にほかなりません（最決平成26・11・17裁判集刑315号183頁〔28224614〕は、否認事件で勾留請求を却下した原々審の判断を是認した決定です)。否認事件こそ勾留をさせてはなりません。本事例は、勾留を争ったものの、勾留決定され、勾留決定に対する準抗告、特別抗告も棄却されてしまったことを前提にしています。

そうすると、保釈請求のタイミングは、当然のことながら起訴された瞬間ということになります。勾留満期には保釈請求書を用意しておき、検察官に起訴のタイミングを確認し、起訴が確認できた瞬間に保釈請求書を提出しに行くべきでしょう。また、保釈請求は検察官に対する求意見が必要的になりますが（92条１項)、この求意見を速やかに返してもらえるように、起訴検事にあらかじめ保釈請求書をFAXしておき、求意見が裁判所から届いたら速やかに返答するように要請しておくべきでしょう。また、保釈請求書には、既に検察官には保釈請求書は送付済みであるため、速やかに求意見に対して返答することを伝えるように依頼をする旨などを記載することが考えられます。これは、検察官の求意見は必要的ではあるものの、これは意見を述べる機会を与えるという意味であって、相当期間内に意見の開陳がないときはそのまま決定してよいとされていることと関係します（条解刑事訴訟法〈第4版増補版〉192頁)。

これが却下された場合のその後のタイミングは、公判前整理手続に付された場合と付されなかった場合で異なります。公判前整理手続に付された場合には、①弁護人の予定主張と証拠意見を出したタイミング、②証拠の採否が決まり審理計画が立ったタイミング、③第１回公判後、④被害者の証人尋問後というタイミングが考えられます。一方、公判前整理手続に付されなかった場合には、①第１回公判後、②被害者の証人尋問後ということになります。さすがに、実務的にも本事例のようなケースでは起訴されたらすぐに保釈が認められるのが一般的です。

なお、読者の中には、起訴されてすぐに保釈されなかった場合、公判前整理手続を経ない方が早く保釈される可能性が出るのではないかと思われた方もいるかもしれません。それは、本当にそのとおりですが、現在の日本における保釈の運用は、被告人が防御の可能性を捨てれば捨てるほど、保釈が認められる傾向にあります。これが、人質司法といわれるゆえんです。裁判官が勾留しなければ、被告人は、しっかりと公判前整理手続を求め、捜査機関が集めた証拠をすべて開示させ、十分な防御の準備をしてから公判に臨めます。実体的真実発見、冤罪防止の観点からは、それがあるべき姿のはずです。しかし、現実には、否認事件の第1回公判前の保釈率は、2008年以降は約6％から12％しかありません（趙誠峰「保釈の在り方—弁護の立場から」刑事法ジャーナル64号（2020年）45頁）。しかもこれは、第1回公判前というだけで、起訴からどれだけ月日が経っているかわかりません（公判前整理手続は年単位でかかることもあります）。これでは、一刻も早く保釈されたい被告人からすれば、防御を放棄することも十分にあり得ると考えてしまう危険性が高い運用がなされていると評価せざるを得ないでしょう。現在の裁判所の身体拘束に関する「運用」、特に「罪証を隠滅すると疑うに足りる相当な理由」の解釈は不合理としかいえないレベルにあると考えます（諸外国から批判されるのも当然です）。この点、ドイツにも日本の保釈に相当する制度で「罪証隠滅の危険」がある場合には釈放しないという制度があるようですが、この解釈については、被疑者・被告人の態度や人間関係、生活状況によって示される事実から、被疑者・被告人が特定の行為により物的・人的証拠に影響を及ぼし、これにより真実の発見を困難にすることが根拠付けられなければならないとされ、それゆえ、捜査がまだ終結していないこと、共犯者が逃亡中であること、事件の被害者がまだ発見されていないことなどの被疑者・被告人本人と無関係な事情は勾留の理由とはならず、刑事訴訟法に反しない被疑者・被告人の黙秘や否認、自白の撤回、共犯者を挙げることの拒否、証人への不当でない接触は罪証隠滅要件には該当しないとされており、この要件に該当するとされて釈放されなかった人は2018年の刑法犯のうち6.6％であったようです（斎藤司「ドイツにおける保釈の運用」刑事法ジャーナル64号（2020年）62頁）。我が国でも、憲法及び刑事訴訟法89条4号制定時の国会議論を前提にすれば、これと同等の解釈が妥当するはずであり、現在の裁判所の運用は違法・違憲であるというべきではないでしょうか。弁護人が粘り強くこの主張をし、裁判所の誤った考え方を変えさせていかなければなりません。

2 権利保釈について

強制わいせつ罪の法定刑は6月以上10年以下と定められていますから（刑法176条）、権利保釈除外事由である89条1号、2号には該当しません。また、常習としてこの種の犯罪を行ったという事実も証拠もありませんので、同条3号にも該当しません。住所・氏名も明らかになっていますので、同条6号にも該当しません。この点は、保釈請求書に書く必要すらないでしょう。

問題は、同条4号（被告人が罪証を隠滅すると疑うに足りる相当な理由があるとき）及び5号（被告人が、被害者その他事件の審判に必要な知識を有すると認められる者若しくはその親族の身体若しくは財産に害を加え又はこれらの者を畏怖させる行為をすると疑うに足りる相当な理由があるとき）であり、具体的には、本事例でいえば、被害者への接触可能性でしょう。本事例のようなケースでは、Aさんがその電車に乗っていたことについて、駅のホームの防犯カメラや交通系ICカードの履歴等客観的な証拠はそろっていると思われ、それに対する罪証隠滅は不可能です。また、そもそもそれ自体に争いはないことがほとんどですから、この点に関する罪証隠滅は何の意味も持ちません。これらのケースでは、犯人性又は実行行為性がすべてであり、これを証明するのは被害者の供述（目撃者がいる場合には目撃者も）が柱となるでしょう。

この点、なぜ本事例のような事案でそもそも勾留が認められたのかという点を考えなければなりません。本事例のようなケースで逮捕に引き続く勾留が認められるとすれば、それは裁判官が、「被疑者は被害者を識別可能であり、駅や電車内で待ち伏せしたり被害者を探すなどして被害者に接触することが可能である」と考えたからにほかなりません。そしてその根拠は、被害者の供述以外にはあり得ません。すなわち、被害者が捜査機関に対して、被疑者は以前にも何度かみたことがあるとか、被疑者には以前から痴漢の被害に遭っていたと供述している可能性が高いとみるべきでしょう。そうすると、保釈の可否の判断の際に被害者の反対尋問をすることは通常ないため、保釈担当裁判官がそのような供述をみていることを前提に、それでも被害者に接触することはないといえるだけの根拠をつくることが必要になります。もちろん、保釈保証金も担保にはなりますが、それだけではなく、例えば本事例でいえば別のルートで通勤する、通勤手段として車を利用する、通勤には必ず妻が付き添う（もちろん実現可能でなければなりません）等の誓約をし、それを保釈条件化してもらうことも考えるべきでしょう。

3　裁量保釈について

⑴ 罪証隠滅・逃亡のおそれ

罪証隠滅については権利保釈除外事由で述べた部分と重なります。

逃亡のおそれについてですが、本件ではＡさんは妻と中学生の娘、小学生の息子という２人の子どもがおり、会社は勤続20年で現在は営業部長の職にあるということですから、これらの環境と保釈保証金を捨ててまで逃亡するメリットは高くないというべきでしょう。ただし、強制わいせつ罪で陰部を直接触ってしまっている類型は、その態様次第では初犯でも実刑があり得ますので、その点についての配慮は必要です（もちろん、実刑になり得るとしても、否認している現状の段階でこの環境を捨てて逃亡することは常識的に考えてあり得ないことですので、それをそのまま主張することも十分に常識にかなっていると思います）。

⑵ 健康上、経済上、社会生活上の不利益の程度

本事例のようなケースでは、このような不利益が極めて大きいです。Ａさんは会社の営業部長職にありながら、既に約23日間出勤できていないことになります。これ以上欠勤が続くと会社を解雇されてしまう可能性があります。一方で、Ａさんの家計が完全にＡさんに依存していたり、娘や息子の学費等が必要な場合には、勾留が続いた結果、Ａさんの家庭全体が立ち行かなくなってしまうことになります。可能な限り、そのような具体的な数字を出して裁判官を説得するのが望ましいといえます。

なお、筆者が担当した類似のケースで無罪になった事案では、被疑者段階で23日間勾留されてしまったために、会社で変な噂が立ってしまい、数十年勤め、管理職にまで昇格した会社を自主退職せざるを得なくなりました。裁判官には、自らのする決定の重さを理解すること、弁護人には否認事件でも諦めないことが必要でしょう。

⑶ 防御上の不利益の程度

否認事件の場合には、特に防御上の不利益の程度は大きいです。例えば、本事例のようなケースでは、なぜ被害者が真実とは異なる供述をするのかを考える際に、依頼者に当時の様子を再現してもらうことが必要になります。特に満員電車を再現する場合には、ある程度の人を集めたうえで、依頼者に被害者との位置関係、距離、周りの人の立ち位置、依頼者の行動、被害者の行動等を再現してもらうことが、最も真実発見に役立ちます。ところが、依頼者が勾留されたままでは、肝心の再現が全くできないまま被害者の反対尋問に進まざるを得なくなります。これでは、効果的な反対尋問ができず、真実発見を阻害します。

⑷ 小括

以上のとおり、否認事件では、罪証隠滅と逃亡について配慮しつつ、健康上、経済上、社会生活上の不利益の程度と防御上の不利益の程度が極めて大きいことを説得的に論証するべきです。

事例 3-2

【事案の概要】

Aさん（23歳・男性）は、令和元年12月18日に、Aさんの息子（当時生後約１か月）を激しく揺さぶる暴行を加え、それによって息子に全治不詳の急性硬膜下血腫、脳浮腫、眼底出血等の傷害を負わせたとして、傷害罪の疑いで、令和３年１月９日に逮捕され、その後勾留されました。Aさんは、「息子をソファーの上に置いておいたら、目を離した隙にソファーから落ちてしまった。それですぐに救急車を呼んだら、病院で虐待だといわれた。息子がソファーから落ちてしまった時、妻は買い物に行っていて家には自分１人だった。」と弁護人に話しており、暴行を否認しています。勾留中はずっと黙秘をし続けましたが、逮捕される前に複数回、弁護士の助言を受けることができないまま警察の任意聴取を受けており、その様子は録音・録画されているということでした。

Ａさんには前科も前歴もありません。Ａさんには妻がおり、妻は現在第二子を妊娠しており、妊娠９か月です。Ａさんの第一子である息子は、令和２年９月頃亡くなってしまったそうで（なお、因果関係は不明）、現在は妻と２人暮らしだそうです。妻は仕事をしておらず、Ａさんは勤続４年になる建築会社で働いているということです。

Ａさんは、被疑事実と同じ事実で、傷害罪で起訴されました。

【事案のポイント】

◎捜査機関が考えるストーリーとＡさんの主張が大きく食い違っていること
◎理論的には、捜査機関からすると、犯人性を否認することもあり得ること
◎公判前整理手続に付すことが絶対に必要な事件類型であること
◎罪証隠滅の客観的可能性は類型的に高くないこと

【解説】

１　保釈請求のタイミング

この事案についても、勾留請求の時点から勾留を争うべきであることは事例３-１と同様です。

さて、本事例のようなケースで、捜査機関が考えるストーリーとＡさんの主張が大きく食い違っている原因は、捜査機関が依頼した医師にあります。すなわち、生後約１か月の赤ちゃんが急性硬膜下血腫、脳浮腫、眼底出血等の各傷害を負っているのは、暴力的な揺さぶり以外にはあり得ないという話を、医師が捜査機関に対してしているため、Ａさんの主張とは全く異なる被疑事実になっているわけです。そうすると、この裁判をたたかうに当

たっては、当該医師の供述調書等はすべて開示させる必要がありますし、その意見の根拠となったカルテ等もすべて開示させなければなりません。そして、それらを前提に弁護側も協力医を探して当該医師の意見が妥当なのかどうかを判断してもらわなければなりません。法廷では医師の意見が鋭く対立することが予想されますから、争点整理や証拠の整理（特にカルテ等をどの範囲でどの程度証拠とするのか）も必要不可欠です。そうすると、本事例のようなケースは、公判前整理手続に付すことが絶対に必要な事件類型であるといえます。

一方で、後述のように、本事例のようなケースは罪証隠滅の客観的可能性や実効性が乏しいと考えられますから、仮に勾留されてしまったとしても起訴された瞬間から保釈が狙えるケースだといえます。また、こういった医学的な知見が争点になるケースでは、類型証拠開示請求と、その開示と、それを受けて協力医に確認して予定主張を出すまでに相当の時間がかかると考えられますので、可能な限り早期の保釈を実現したいところです。

2　権利保釈について

傷害罪の法定刑は15年以下の懲役又は50万円以下の罰金と定められていますから（刑法204条）、権利保釈除外事由である89条１号、２号には該当しません。また、常習としてこの種の犯罪を行ったという事実も証拠もありませんので、同条３号にも該当しません。住所・氏名も明らかになっていますので、同条６号にも該当しません。この点は、保釈請求書に書く必要すらないでしょう。

問題は、４号（被告人が罪証を隠滅すると疑うに足りる相当な理由があるとき）及び５号（被告人が、被害者その他事件の審判に必要な知識を有すると認められる者若しくはその親族の身体若しくは財産に害を加え又はこれらの者を畏怖させる行為をすると疑うに足りる相当な理由があるとき）です。本事例のようなケースでは、捜査機関は、①「激しく揺さぶる暴行」を加えたことに関する証拠と、②①を虐待だと評価したうえで、本事例以前の虐待の形跡に関する証拠を重要な情状事実に関する証拠として収集するものと思われます。①については、119番記録、救急の記録、救急隊員の供述調書、病院のカルテを含む医療記録一切、担当医の供述調書、これらは「激しく揺さぶる暴行」を加えないと発生しないとする専門医の供述調書などが存在することが考えられ、②については、出産した病院の医療記録、母子手帳、（あれば）１か月検診の記録、助産師の記録、１か月検診に立ち会った医師や助産師の供述調書、（応じていれば）Ａさんの妻の供述調書などが存在することが考えられます。医療記録等はそもそも罪証隠滅をすることは不可能ですし、医師を探し出して威迫するというのも現実的ではありません。さすがにこの辺りの証拠について罪証隠滅の現実的な可能性があると判断する裁判官は存在しないと思います。唯一ネックになり得るのは妻の存在ですが（家族の存在が保釈を妨げる事情になるというのは人道的見地からは誤っているでしょう）、通常生後１か月の乳幼児の場合には母子手帳、１か月検診、助産師検診等の客観的な記録が作成されていることが多いですから、これらの客観的な記録に反することを妻に証言させてもそれは何の証拠価値も持たないというべきでしょう。したがって、妻に偽証させても何の実効性もないといえるため、89条４号にも５号にも該当しないといえそうです。

よって、本事例は権利保釈されるべき事案だといえるでしょう。

3 裁量保釈について

⑴ 罪証隠滅・逃亡のおそれ

罪証隠滅については権利保釈除外事由で述べた部分と重なります。

逃亡のおそれについてですが、確かに本事例は有罪となった場合、執行猶予が付くか実刑になるかは微妙だといえます。しかし、Ａさんには妻がおり、妻が現在妊娠９か月で、勤続４年になる建築会社で働いているということであれば、これらの環境と保釈保証金をすべて捨てて逃亡する可能性が現実的であるとはいえないでしょう。

⑵ 健康上、経済上、社会生活上の不利益の程度

本事例での不利益は、いうまでもなくＡさんの妻が妊娠９か月であり、

家計を支えることができるのはＡさんしか存在しないことから、Ａさん一家の生活を維持するためにはＡさんが保釈されて仕事を再開することが極めて重要です。

また、あと１か月で出産という状況にあるため、家計だけではなくＡさんの妻の補助も必要不可欠ですし、出産という生まれてくる子どもにとっては一生に一度しかないライフイベントに立ち会うことは当然認められるべき重要な権利であるというべきです。

⑶ 防御上の不利益の程度

本事例では、弁護側も医師に依頼して公判に備えなければならないということになりますが、そのためには、弁護側が依頼した医師の質問にＡさんが直接答えるということが極めて重要です。すなわち、具体的に息子が生後１か月間どのような状態で、Ａさんがどのように保育に関わってきて、当日どの程度の高さのソファーにどのように置いて、どんな形で落ちてしまったのか、落ちたときの息子の反応、泣き方、それから救急搬送されるまでの間の様子等を語れるのはＡさんしかいません。弁護側が依頼する医師にＡさんの話を直接聞いてもらって、そのうえで医師に判断してもらうことが極めて重要です。そうすると、勾留されたままではこれができませんから、防御上の不利益も極めて大きいということになります。

⑷ 小括

以上を総合すれば、本事例では罪証隠滅の余地は極めて乏しく、また、Ａさんがこれから生まれてくる子どもと妻を捨て、職も捨てて逃亡する可能性はほとんど観念できない一方で、経済上、社会生活上の不利益の程度が大きく、防御上の不利益も看過できませんから、Ａさんを少なくとも裁量保釈するべきということになります。

■保釈請求書サンプル　事例３-２

令和○年（○）第○号　傷害被告事件
被告人　○○○○

保　釈　請　求　書

令和○年○月○○日

○○地方裁判所　第○刑事部　御中

〒○○○－○○○
○○県○○市○○区○○
○○法律事務所
TEL ○○○－○○○－○○○○
FAX ○○○－○○○－○○○○
弁護人　○○○○

上記被告人は頭書被告事件について勾留中であるところ、下記の理由により、保釈を請求する。

記

第１　事案の概要

この事件は、真実は被告人の息子がソファーから落ちたことによって全治不詳の急性硬膜下血腫、脳浮腫、眼底出血等の傷害が発生してしまったのに、捜査機関側の医師による誤った診断のために、被告人が息子を激しく揺さぶったなどというありもしない罪を着せられた事件である。この種の事件では、各地で無罪判決が相次いでいることを留意すべきである。

第２　権利保釈除外事由の不存在

被告人には、刑事訴訟法89条１号～３号、５号、６号に該当する事由がないことはいうまでもない。また、同条４号にも該当しない。

１　罪証を隠滅すると疑うに足りる相当な理由がないこと

本件では、公訴事実記載の傷害を負わせた原因が、被告人が揺さぶったことにあるのか否かが争点であり、検察官の立証の柱は、医師による証言となるはずである。すなわち、医師がいわゆるSBS理論に基づき、「急性硬膜下血腫等の三徴候があれば激しい揺さぶり行為を推認できるのだ」という証言をすることになる。そして、その証言は、被告人の息子の入院時の医療記録が基礎となっていると思われる。

そうすると、本件の罪証隠滅の対象はまず医師の証言ということになるが、被告人がこれらの医師を探し出して罪証隠滅行為に及ぶことは現実的に考え難いし、上記証言はSBS理論を支持する医師であれば誰でも容易に証言できるものである。したがって仮に検察官が請求する予定の医師に対して罪証隠滅行為に及んだとしても、検察官は他の医師を請求することが容易であるから、罪証隠滅の実効性がないというべきである。もちろん、既に捜査機関が押収済みの被告人の息子に関する医療記録（119番通報記録、救急の記録、救急隊員の供述調書、病院のカルテを含む医療記録一切等）を隠滅することが不可能であることはいうまでもない。また、出産した病院の医療記録や１か月検診の記録、助産師の記録等も押収済みであると思われるうえに、母子手帳は任意に提出済みである。

なお、上記医師のSBS理論は、「激しい揺さぶり行為を加えなければ急性硬膜下血腫等の三徴候が出ることはあり得ない」というものだから、例えば、同居していた妻に「揺さぶっていない」などという証言をさせても全く意味がない（息子がソファーから落ちた際に妻は不在にしているため、このような証言をさせる予定もない）。SBS理論を支持する医師の証言で容易にそれを否定できるからである。したがって、本件では、口裏合わせによる罪証隠滅の実効性は全く存在しないのである。

２　結論

よって、本件は権利保釈されるべきである。

第３　裁量保釈を認めるべき事由の存在

仮に被告人がわずかながらに刑事訴訟法89条４号該当性が認められるとしても、以下のとおり、裁量保釈（刑事訴訟法90条）を認めるべき事由が存在する。

１　罪証を隠滅するおそれがないこと

既に述べたとおり、本件では保釈保証金で担保できないような「罪証を隠滅するおそれ」はない。

２　逃亡のおそれがないこと

被告人は、身体拘束が解かれた場合には、妻の実家において、妻の両親と妻とともに生活する予定である（資料１：被告人の誓約書）。被告人の妻は、決められた公判期日に、同行のもとしっかりと出頭することを誓約している（資料２：被告人の妻の誓約書）。

そして、妻の両親も被告人の保釈が認められた場合には、被告人と同居して被告人の言動を厳しく指導・監督することを固く誓約している（資料３：被告人の妻の両親の誓約書）。

このように、被告人の身上は安定しており、適切な保釈保証金を納付すれば、それを捨ててまで逃亡する現実的・具体的なおそれはない。

3 保釈の必要性

被告人の妻は現在妊娠9か月である。そのため被告人の妻は稼働することができず、被告人の妻と生まれてくる子どもの家計を支えられるのは被告人しかいない。また、間もなく出産という被告人と妻の子どもにとっては一生に一度しかない極めて重要なライフイベントが控えており、被告人はそれまで妻を支えながらこれに立ち会う必要性が高い。

また、弁護側も医師に依頼し、被害者の傷害から激しい揺さぶり行為など推認できないことを主張立証する予定であるが、具体的に被害者が生後1か月間どのような状態で、どのように保育に関わってきて、当日どのようにソファーから落ちてしまったのかを被告人本人から医師が直接聞く必要がある。被告人が保釈された場合には、被告人が直接医師の病院に赴き、医師に話をすることができるが、被告人が勾留されたままであれば、拘置所の面会可能時間が平日の限られた時間しかないことから、医師が被告人に話を聞きに行くのは不可能である。したがって、勾留されたままであれば、被告人の防御の準備ができなくなってしまう。

このように、被告人を保釈する必要性は被告人の防御の準備の観点からみても高い。

4 結論

以上述べたとおり、少なくとも被告人には裁量保釈事由が存在することから、速やかに被告人を保釈する旨の決定を出されたい。

第3 その他

1 身元引受人

○○（被告人との関係：妻）

○○（被告人との関係：義父）

2 制限住居

○○

3 希望保釈金

○○万円

4 裁判官との面接

裁判官との電話面接を希望いたします。

以 上

添付資料

1．誓約書（被告人）

2．誓約書（被告人の妻）
3．誓約書（被告人の妻の両親）
4．電話聴取書（妻からの聴取）

事例４　共犯者がいる事件

事例 4－1

【事案の概要】

Ａさんは、地元の不良グループに属していたことがあり、Ｂはその先輩です。

Ａさんによると、Ａさんは、Ｂから、全国に複数店舗がある質屋Ｘの閉店後に入口ドアの鍵を破壊し、店内に忍び込み、レジスターから売上金を奪ってくるように指示されました。Ａさんは、指示に従い、レジスターから現金50万円を奪い、Ｂに持って行ったところ、Ｂは、Ａさんに取り分として15万円を渡しました。

しかし、防犯カメラにレジスターから金銭を奪うＡさんの姿が映っていたことから、Ａさんは逮捕され、また、Ａさんのスマートフォンに、ＢとのSNSを利用した犯行の誘いや侵入の方法等についてのやり取りがあり、Ｂも共犯として逮捕されました。

Ａさんは取調べに対して、犯行態様やＢから指示をされて行ったこと、取り分が15万円だったことを話しました。Ａさんの取り分が15万円であったことについては、SNS等を使ったやり取りとしては残されていませんでした。

ＡさんとＢは、建造物侵入及び窃盗の共同正犯として起訴されました。

なお、Ａさんは、実家暮らしで、Ｂとは生活圏内は異なりますが、車を使えば30分程度の距離に住んでいます。なお、Ａさんの自宅はＢには知られていません。Ｂは単身生活で、両親は遠方で生活をしています。

【事案のポイント】

◎ＡさんとＢに主従関係あり

◎Ａさんは実行犯でＢは首謀者

◎生活圏は重ならないものの接触は可能な距離

【解説】

共犯者のいる事例においては、共犯者間の口裏合わせ等による罪証隠滅が問題となります。しかし、共犯者が口裏合わせをしても、必ずしも「罪証」の隠滅につながるわけではありません。裁判官に抽象的判断をさせないために、口裏合わせが行われたとしても罪証隠滅には当たらないこと、罪証隠滅の余地がないこと、そして、口裏合わせをする動機がないことを説明していく必要があります。

Aさんが保釈請求をする場合において、Bと口裏合わせをする可能性があるという意見が検察官から出される可能性が高いです。

そこで、Bの供述がAさんの罪体立証及び量刑においてどの程度の位置付けになるかということを検討する必要があります。89条4号は「罪証」の隠滅であり、「罪証」に当てはまらない場合には、4号該当性は認められません。また、同条5号についても罪証隠滅の防止のための規定ですので、「罪証」に該当しない場合には5号該当性は認められません。

本事例においては、Aさんが実行犯であり、Bが指示役です。犯行状況については、Bは正確に把握できておらずAさんの方が把握できています。犯行状況のほか、動機や結果など、重要とされる情状については、Aさんが把握している以上のものをBが把握できているということはまれです。特に本事例では、Aさんは取調べに応じており、防犯カメラに犯行状況が残されていることから、Bの供述が罪体立証や重要な情状の立証に必要な供述にはなりません。Bの供述から得られる内容は共謀の経緯を除いて基本的には「罪証」に当たらないということができそうです。

そのため、本事例では、Bの供述は共謀の経緯以外はそもそも「罪証」に該当しないということを主張していくことになります。

共謀の経緯などについてBの供述が「罪証」に該当したとしてAさんがBに働きかけて自身に有利な供述をするように求めることができるかという問題があります。Bも逮捕されている現状からすると、逮捕されている以上Bとの接見は困難であるということができます。保釈条件で接触禁止を付ければ接触を防ぐことはできます。仮にBが保釈された場合に、AさんがB

と接触して、Ａさんに有利な供述をするように求めることができるかという点については、「罪証」の範囲と関係しますが、Ｂがどのような供述をすることができるかということになります。ＢがＡさんにとって有利な供述をする場合には、首謀者であり実行に加担していないＢにとって不利な供述となりかねません。そのためＡさんがＢに働きかけをしたとして、ＢがＡさんにとって有利な供述をするだけの理由・メリット等がなければＢはＡさんの働きかけがあっても、Ａさんにとって有利な供述をしないでしょう。

また、Ｂが首謀者であり立場的にも上であることからすると、ＢがＡさんにとって有利な供述をわざわざすることは考え難いです。

さらに、共謀の経緯についてはスマートフォンに記録されていることから、客観的証拠があり、これと異なる供述をしてもあまり信用性はなく、罪証隠滅に足る行為にはならないでしょう。

そうすると、Ａさんが働きかけをしても、Ｂがこれに応じる可能性は低く、罪証隠滅の余地（客観的可能性・実効性）は乏しいということができそうです。威迫についても同様です。

以上をまとめますと、ＢはＡさんより立場が上でかつ首謀者です。Ａさんが働きかけてもＢがＡさんにとって有利な供述をすることは期待できないこと、ＢはＡさんの上の立場の人間であり、Ａさんが自身に有利になるような供述を求めることが難しいこと、Ａさんに前科前歴がなければ執行猶予が十分に期待できることなどから、Ａさんには、罪証隠滅の主観的可能性がないことも指摘できそうです。

■保釈請求書サンプル　事例4－1

令和〇年　第〇〇〇号　建造物侵入・窃盗被告事件
被告人　A

令和〇年〇月〇日

〇〇地方裁判所　御中

上記弁護人　〇〇〇〇

保　釈　請　求　書

第1　請求の趣旨

Aを保釈する。
保釈保証金は金200万円とする。
との裁判を求める。

第2　請求の理由

1　事案の概要

本件は、A氏が、先輩であるBから誘われ、Bの指示で、被害店舗のドアの鍵を破壊し、店内に侵入しレジスターから現金50万円を奪った事件である。

店内に設置されている防犯カメラ映像にA氏が閉店後の店内のレジスターから現金を抜き取っている場面が記録されていたことからA氏の犯行であることが発覚した。

そして、A氏とBの本事件についてのやり取りはSNSを通じて行われており、A氏の逮捕後Bも逮捕・勾留されている。

2　権利保釈

⑴　1号ないし3号及び6号について

本件では、1号ないし3号及び6号に該当しないことは明らかである。そこで以下4号及び5号に該当しないことについて述べる。

⑵　4号及び5号について

罪証を隠滅すると疑うに足りる相当な理由については、確実性までは要求されていないが、抽象的なものでは足りず、①対象事実、②態様、③余地、④主観的可能性から検討した結果として、具体的可能性があることが必要とされる。

対象事実となる「罪証」の範囲は、罪体及び重要な情状に限定される。犯情については、犯行の目的・動機、方法・態様、結果、社会的影響に関する事実であるが、共犯事件については、共犯における地位、役割等も重要な情状とされる。

罪体を含む犯行態様及び被害結果に関する証拠については、防犯カメラ映像等、既に捜査機関が証拠化しており、罪体や犯行態様に関する客観的証拠についてこれを破壊等の手段で隠滅することや、これに反する証拠と捏造することも不可能か著しく困難である。

犯行の目的・動機については、財産犯ではさほど重要な犯情には該当しない。

共犯者間の地位、役割について、Bの供述は重要な証拠になり得る。しかし、SNSでのやり取りが残されていることから、これに反するBの供述は信用性が低い。そのため、Bに働きかけて、自身に有利な供述を求める場合であってもSNSのやり取りが前提となる。また、Bは本件の首謀者であり、自らの責任を軽くするために、A氏に責任を押し付ける供述をする可能性があるが、自らの責任を重くするようなA氏にとって有利な供述をすることは考え難い。さらに、本件では、BはA氏の先輩であり上位の立場にある。そのため、A氏がBに対して働きかけを行おうとしても、Bがこれに応じる可能性は低い。

また、A氏が、Bに対して害悪を加える旨を告知するなどして脅したところで、Bが首謀者であること、SNSのやり取りが残されていることからすると、BがA氏にとって有利な供述をすることは考え難い。

なお、当然であるが、保釈に際して、Bとの接触禁止条項を設けることについては異論がない。

(3) まとめ

以上のように、本件においては、権利保釈除外事由は存在しない。そのため、A氏については、権利保釈が認められる。

3 裁量保釈

上述のとおり、A氏については、権利保釈が認められるが、念のため裁量保釈についても触れておく。

4 その他

(1) 身元引受人

○○○○(A氏の父)

○○○○(A氏の母)

(2) 制限住居

○○県○○市○○

(3) 面接

裁判官との直接の面接を希望する。

5　結論

以上のように、本件については、権利保釈除外事由がなく、権利保釈が認められるべきであり、少なくとも裁量でＡ氏を保釈すべきである。

なお、保釈保証金は金200万円を用意している。

以上

添付資料

1．身元引受書（父）

2．身元引受書（母）

3．報告書（SNS アプリ〇〇の仕様について）

事例 4-2

【事案の概要】

事例４－１をＢさんの弁護人の視点から検討します。

Ｂさんは、地元の不良グループに属していたことがあり、Ａはその後輩です。

Ｂさんによると、Ｂさんは、Ａに対して、全国に複数店舗がある質屋Ｘの閉店後に入口ドアの鍵を破壊し、店内に忍び込み、レジスターから売上金を奪ってくるように指示しました。Ａは、指示に従い、レジスターから現金50万円を奪い、Ｂさんに持ってきたところ、Ｂさんは、Ａに取り分として15万円を渡しました。

しかし、防犯カメラにレジスターから金銭を奪うＡの姿が映っていたことから、Ａは逮捕され、また、ＡのスマートフォンにＢさんとのSNSを利用した犯行の誘いや侵入の方法等についてのやり取りがあり、Ｂさんも共犯として逮捕されました。

Ｂさんが警察から聞いた話によると、Ａは取調べに対して、Ｂさんから指示をされて行ったこと、取り分が15万円だったことを話していました。ただ、Ａの取り分が15万円だったことについてSNSを使ったやり取りについては残されていませんでした。

ＡとＢさんは、建造物侵入及び窃盗の共同正犯として起訴されました。

なお、Ａは、実家暮らしで、Ｂさんとは生活圏内は異なりますが、車を使えば30分程度の距離に住んでいます。なお、ＢさんはＡの自宅を知りません。また、Ｂさんは単身生活です。

【事案のポイント】

◎ＡとＢさんに主従関係あり

◎Ａは実行犯でＢさんは首謀者

◎生活圏は重ならないものの接触は可能な距離

【解説】

Ｂさんは、指示役・首謀者であり、Ａの上の立場にあります。しかし、抽象的に指示役・首謀者であるため、働きかけや、威迫等によって、Aに対して自身に有利な供述をするように求めると認められることは避けなくてはなりません。具体的な事情等から、89条4号、5号該当性を否定していくことが求められます。

「罪証」についてですが、Aが実行犯であり、罪体及び共謀に関する供述は、これに当たり得ます。

Aの侵入状況に関しては、入口ドアの鍵を破壊した痕跡があるため、Aがいかなる供述をしても通常は、入口ドアの鍵を破壊し、侵入したことについては争うことが難しそうです。店内に人がいないこと、Aがレジスターから現金を盗む様子は防犯カメラに写っているので、Aに働きかけて、Aがこれと異なる供述をしても入口ドアの鍵の破壊と同様に争うことは難しそうです。被害金額について50万円であることも争うことは難しそうです。Bさんが A に対して指示をした内容については SNS でのやり取りが残されているため、同様にAがこれと異なる供述をしても争うのは難しそうです。客観的証拠等がないものとしては、Aがいくらを取り分として受け取っていたかということになります。この点については、Bさんが働きかけをして、Aに真実と異なる供述をさせることが考えられます。しかし、量刑上重要な事実としては、Bさんの実際の取り分ではなく、被害金額や、共犯者間の地位です。実際の分け前がいくらかであったかは、あくまで共犯者間の地位を裏付ける間接証拠の1つにすぎません。そして、AとBさんの主従関係は、SNS等のやり取りからもみることができます。もちろん、Bさんが主犯であると認める場合には量刑上重たく処罰されます。想定される証拠関係から、Bさんが主犯であると認めたうえでの保釈請求にするか、権利保釈部分については手薄になりますが、共犯者の立場については指摘せずに、裁量保釈を目指すのかを考える必要があります。

罪証隠滅の余地について、Aの供述の何が「罪証」に当たるのか、「罪証」に当たり得る供述内容について、働きかけをすることによって隠滅が可能であるかを丁寧に分析していくことが重要になります。

加えて、Aに働きかけをするだけの動機がBさんに存在するかです。確かに、Bさんは首謀者であり、指示役です。しかし、働きかけをした場合において、自身に有利な供述をすることが上記のとおり期待できないことからすると、あえて働きかける理由はないといえます。

事例 4-3

【事案の概要】

Aさんは、いわゆる特殊詐欺の実行犯として一緒に実行したCと現行犯逮捕されています。

Aさんによると、Aさんは、BがSNSで募集していたいわゆる闇バイトに応募し採用され、その際に、Bに自宅住所及び電話番号を教えています。Aさんは、Bから、同じく闇バイトに応募してきたCと一緒に全国に複数店舗のある質屋Xの閉店後に忍び込みレジスターから現金を盗むことを指示され、Aさんの報酬はレジスターに入っていた金額の30％である旨Bから告げられたとのことです。また、Aさんは、Cから、Cも報酬は同額であることを告げられたとのことです。

また、Aさんによると、Aさん及びCは、Bから、Xの従業員が帰宅するタイミングや、店内に入る方法、セキュリティーシステムの内容や対処法、その他本件犯行におけるポイントや必要な道具等についての説明を受け、実際にBの指示に従い、Cを見張り役として、Aさんは店内に入って行きましたが、セキュリティーシステムに引っかかり、警備会社が駆けつけ、AさんとCは現行犯逮捕されてしまったとのことです。警察は、Bの捜査をしていますが、現時点では警察はBを逮捕できていません。

Aさんは、取調べに対して、Bの募集していた闇バイトに応募したことを含めて説明しています。しかし、Bの本名やSNS以外の連絡手段は知らず、直接会ったことがないことも説明しています。Cについては、当日に会っただけで、連絡手段は知らず、本名も知らず、取調べに対してもそのように説明しています。

【事案のポイント】

◎Aさんは実行犯

◎Ｂが計画を立てているが、Ａさんは計画には関与していない
◎ＡさんはＢとの関係では従属的立場だが、Ｃとの関係では対等
◎Ｂ及びＣについては、SNS以外の連絡手段を知らず、また本名も知らない

【解説】

事例４－１との違いですが、事例４－１は、犯行の計画性について、スマートフォンなどにやり取りの記録が残っていたことから計画性についての罪証隠滅はあまり問題になりませんが、本事例では計画性についての客観的証拠が薄いように思えます。

また、ＡさんがＢとともに計画を立てたのではなく、Ｂが計画していたものにＡさんが参加するという形であり、Ｂの計画について、Ａさんの量刑にどのように影響を与えるのかという共犯事件における犯情をどのように評価するのかという点を意識する必要があります。

1　共犯者Ｂに対する働きかけについて

①共犯事件における量刑の枠組みは、共犯行為全体について、犯行の目的ないし動機、方法・態様、結果、社会的影響等の犯情を検討・評価し、次に被告人個人について犯罪全遂行過程中に占める地位、共犯行為全体の中で分担した行為ないし謀議・準備段階を含めた全遂行過程中で担った役割等の客観的側面について検討・評価をし、最後に被告人個人としての犯行加担の動機や犯意の強弱、関与態度の積極・消極、他の共犯者との主導従属関係、他の者を巻き込んだか他の者に巻き込まれたか等の、主として主観的側面について検討・評価し、共犯者間の地位役割等において被告人がどの位置にあったのかを総合的に評価することになります（大阪刑事実務研究会編著『量刑実務大系第１巻―量刑総論』判例タイムズ社（2011年）〔木山暢郎〕321頁）。

そのため、本事例において、Ｂがどのような計画を立てていたのかということは、Ａさんが関与していないものであっても、Ａさんの量刑判断において影響を与える事実になります。ＡさんはＢの計画を知らなかったため、

Bが立てていた計画内容について「罪証」とならないとすることは難しいです。

もちろん、Aさんが Bの立てていた計画内容を知らなかったことは、Aさんの量刑判断において考慮される事情ではありますが、保釈における「罪証」に含まれない根拠にはなり得ません。

②Aさんが Bに働きかけて罪証を隠滅する余地があるかということについてですが、Bからいかなる供述を引き出すことが可能であるかを考える必要もあります。本事例ではともかく、計画性について、ある程度、客観的証拠などから明らかになればBがこれと異なる供述をしても信用性が低く罪証隠滅の余地がないことや、罪証隠滅の動機がないことにつなげられます。

また、働きかけが現実的に可能であるかどうかという点については、Aさんと Bは SNS上でつながっているにすぎず、本名や電話番号その他の連絡手段は知りません。そのため、Aさんが Bに連絡をとる手段としてはSNSによることになります。しかし、この手の事件においては携帯電話やタブレット類は通常押収されており、これらを用いての連絡は困難です。もちろん、新たなタブレット等を用いて、事件当時使用していたアカウントにログインして使用することが考えられます。もっとも、捜査機関がタブレット等を押収していることから、Aさんが事件当時使用していたアカウントを使用し、Bに連絡をした場合にはそれが発覚する可能性がありますし、当時のアカウントを使用して連絡をとることはリスクが高く考え難いです。そのアカウントから、Bの連絡先を見つけて、そのうえで別のアカウントでログインしてBに連絡をとることも考えられます。当該SNSの仕組みからもともとのアカウントを捜査機関が監視している可能性がある状態で、捜査機関に発覚することなくBに連絡をとることができるかということについて、当該SNSの仕様を確認しておくことも有益でしょう。

また、Aさんが Bと連絡をとることができるか、仮にBと連絡をとることができたとしてもBがAさんにとって有利な供述をするかということも考える必要があります。

Bは自身が逮捕されていないものの、所在等が判明した場合には起訴される可能性が高い人物になります。Bとしては、自身の罪を軽くするためにAさんにとって不利な供述をする可能性もあります。Bは実行には関与していないことから、実行事態についてAさんに有利な供述をすることができませんし、共犯者間の地位役割についてAさんに有利な供述をすると自身にとっては不利な供述をすることになりかねません。

③主観的可能性については、効果的な供述が期待できないことや、BとAさんの関係性というのが一応指摘できるでしょう。関係性が希薄な人間に対して働きかけをしても相手方にメリットがない場合にはこれに応じる可能性も高くなく、諦めてしまうことも考えられます。

2 Cに対する働きかけについて

①Cは見張り役ですが、事前にAさんとどのような話をしたかということで、Aさんの動機などの事情を把握している可能性がある人物になります。実行行為の具体的内容についてCは把握できていなくても、Cの供述はAさんの量刑に関する「罪証」に当たり得ます。また、AさんとCの立場の上下などに関する供述も「罪証」に当たるでしょう。ただし、Cは犯行態様そのものをみていないので、Cが供述できるAさんの量刑に関する事情はかなり限定的になります。どのような事情が対象となり得るのかを分析していくことが罪証隠滅の余地や主観的可能性の判断で必要となっていきます。

②罪証隠滅の余地ですが、Cも勾留されていることから、現時点でCに対して働きかけることがそもそも極めて困難な状況にあります。とはいえ、仮にCが釈放されたときのことを指摘しておく必要があります。しかし、本事例においては、AさんとCは、現場で知り合っただけであり、直接の連絡方法はありません。Bを介しての連絡ということになりますが、BもCのSNSアカウントで把握していると考えられるところ、Bを介しての連絡自体がBにしてみると自身が逮捕されるリスクを抱えることになりますし、またAさんにCの連絡先を教えるメリットもありません。そもそも、保釈が認められる場合にはCとの接触禁止は確実に付けられるでしょうし、B

の本名が明らかになっていればＢとの接触禁止も付けられるでしょう。そして同様にＣも保釈された場合にＡさんとの接触禁止が付けられることになります。Ｃとしては Ａさんと接触することのメリットがあればともかく、メリットがないならば接触の必要はなく、接触することでかえって自身にとって不利な事態を招くことになりかねません。そのため、Ｃとしては、保釈保証金没取のリスクを冒してまでＡさんと接触するメリットがないなら、Ａさんが接触を試みても断るでしょう。

③罪証隠滅の主観的可能性ですが、ＡさんとＣに人的関係性がないことから、依頼しても応じてくれない可能性が高いことや、罪証隠滅の余地がないことから、働きかけによって得られるものが少ないため、保釈取消しのリスクを負ってまでこれを行う動機がない等と指摘することができるでしょう。

事例 4-4

【事案の概要】

ＡさんとＢは対等な友人関係にあります。

Ａさんによると、Ａさんには家族がいて定職に就いているものの収入が少なく、生活費の捻出に苦しんでいたところ、同様に生活に苦しんでいるＢと、生活が苦しいという話になり、２人で事務所荒らしでもしてお金を得ようという話になりました。２人でいくつかの事務所荒らしに成功していましたが、全国展開をしている質屋Ｘの事務所荒らしをしようと、入口ドアの鍵をピッキングで開け、レジスターを物色していたところ、防犯システムが作動して警備会社が駆けつけ、ＡさんとＢは現行犯逮捕されたとのことです。

また、警察官から、取調べで防犯カメラに侵入の様子からレジスターを開けようとしているところまでの一部始終が映っていたことを告げられたということです。

Ａさんは、質屋Ｘに侵入したことやその動機や手口などについては供述しているものの、余罪については一切供述していません。

Ａさんによると、ＡさんとＢは事前にSNSで打合せをしていますが、

SNSを使用していたスマートフォンは既に捜査機関に押収されています。なお、余罪についてもSNSでやり取りをしていましたが、一定期間が経過すると痕跡が消えるアプリを使用していたため、余罪についてのやり取りはスマートフォンに残っておらず、また、サーバーにも残っていないため、捜査機関が復元することはできません。

しかし、捜査機関としては、犯行の手口が未解決の事件と類似していることから、Aさん及びBの余罪を疑っています。

【事案のポイント】

◎Aさんの余罪をBが知っている

◎Bの余罪をAさんが知っている

◎同種余罪が「罪証」に当たるか

【解説】

本事例は、AさんとBが複数の事務所荒らしを行っていましたが、最後の1件についてのみ逮捕・勾留されている事案です。

本事例の罪体そのものについては、防犯カメラで一部始終が撮られていますし、また、計画性などについてもSNSに残っていることから、本事例に関する「罪証」については隠滅の余地はほとんどないでしょう。

しかし、本事例については、余罪があります。AさんがBとこの余罪に関する罪証を隠滅するとして、「罪証を隠滅すると疑うに足りる相当な理由」があるとされないかという問題があります。

勾留の効力については、勾留事実についてのみ生じているとされているため、保釈の許否についても、勾留事実のみを対象として判断すべきであり、非勾留事実そのものを、勾留事実と同様に保釈許否の対象とすることはできないという事件単位説が実務上採用されています（岡田健彦「保釈請求に当たって勾留状に記載されていない事実を考慮することの可否」令状実務詳解1018頁）。そのため、原則として、余罪について、罪証を隠滅すると疑うに足りる相当な理由があったとしても、89条4号に該当するものではありません。

しかし、最決昭和44・7・14刑集23巻8号1057頁〔24004928〕は、裁量保釈について「被告人が甲、乙、丙の3個の公訴事実について起訴され、そのうち甲事実のみについて勾留状が発せられている場合において、裁判所は、甲事実が刑訴法89条3号に該当し、従つて、権利保釈は認められないとしたうえ、なお、同法90条により保釈が適当であるかどうかを審査するにあたつては、甲事実の事案の内容や性質、あるいは被告人の経歴、行状、性格等の事情をも考察することが必要であり、そのための一資料として、勾留状の発せられていない乙、丙各事実をも考慮することを禁ずべき理由はない」としており、裁量保釈において、非勾留事実を保釈の許否の判断資料の1つとすることが許される旨を示しました。そして、裁判官から、権利保釈についても同様に判断資料とすることができるという見解が示されています（岡田・前掲1020頁、宮崎英一「余罪の存在と保釈」令状に関する理論と実務Ⅱ15頁）。もっとも、「罪証」の範囲については、「当該事件において被疑者・被告人の罪責ないし刑責に影響を及ぼすおそれのある事実であり、具体的には構成要件に該当する事実、犯罪成立阻却事由又は刑の減免事由となる事実のほか、被疑者・被告人の刑責に影響を及ぼすような犯情その他の重要な情状事実が含まれる」とされているところ、権利保釈においても余罪を判断の一資料とすることが許されるという見解に立ったとしても、当該余罪が「犯情その他重要な情状事実」を裏付けるものでなくてはなりません。

そのため、本罪と無関係な余罪については「罪証」の対象とはなり得ません。連続窃盗における余罪は常習性を基礎付ける事情となり、量刑上も影響を及ぼしますので「罪証」に当たり得ますが、窃盗事件で勾留されている場合に、強制性交罪の余罪が判明しても、保釈することによって強制性交罪の罪証が隠滅される危険があろうと、窃盗事件とは無関係な余罪ですので、「罪証」の対象には含まれません。本事例の事案においては、余罪は「罪証」に含まれ得るものですが、現状として、捜査機関も余罪の犯人性に関する十分な証拠を押さえているとは考え難いです。十分な証拠がないのであれば、「罪証を隠滅すると疑うに足りる相当な理由」の程度の問題として、Aさんがそもそも余罪の犯人であることを裏付けるに足りる証拠がなく、Aさんが犯人でない可能性が相当程度あることから、Aさんがこれを隠滅する動機がないということができます。

同一共犯者との間に余罪がある場合には、勾留の基礎となっている事実との関係において、当該余罪がどのような位置付けになるのか、そのうえで、罪証隠滅の余地があるのか、主観的可能性があるのかを検討していく必要があります。

事例５　再逮捕と再度の保釈

事例 5－1

【事案の概要】

Ａさんから弁護人が聴取した内容は、以下のとおりです。

すなわち、Ａさん（20代男性）は、建造物侵入罪・窃盗罪で逮捕・勾留されました。被疑事実としては、深夜、飲食店の裏口からバールを使って侵入し、バールでレジスターをこじ開け、レジスター在中の現金約20万円を窃取したというものでした。Ａさんは、高校卒業後、専門学校に通うために親元を離れ一人暮らしをしています。現在は専門学校生です。アルバイトをしながら専門学校に通っていますが、それだけでは生活が苦しく、遊ぶお金がほしかったためにやってしまったということでした。建造物侵入・窃盗の方法はインターネットでみかけた記事を参考にしたようで、特に共犯者がいるというわけではないようです。ただし、本件で逮捕・勾留された事実以外に、本件被害店舗と同じチェーンの別の店舗でも同様の犯行を１件行ってしまったようです。その余罪については、逮捕された際に警察に話しているとのことでした。

被害店舗とは捜査段階で示談が成立しましたが、公判請求されてしまいました。Ａさんには前科も前歴もありません。両親は健在です。専門学校は現在休学状態になっています。

【事案のポイント】

◎余罪があることを捜査機関が把握していること

◎被害店舗とは示談が成立していること

◎したがって、公判請求されている事件単体では、保釈は容易だと思われること

【解説】

１　余罪がある場合の留意点

余罪があった場合でも保釈は十分に可能ですので、余罪があることを理由

に保釈請求を躊躇わないようにすることが肝要です。保釈がなされた場合、余罪については在宅で捜査をするということが可能になります。また、保釈後に余罪で再逮捕された場合、当該余罪の勾留請求段階で勾留を争うことも十分可能です。別件で保釈されていることは、保釈保証金の威嚇がありますから、逃亡するはずがないといえる強い事情になります。実際に、保釈後に再逮捕された事案で、裁判所が勾留請求を却下している例もあります。さらに、仮に余罪で勾留されてしまったとしても、保釈保証金を既に納付しており、かつその保釈保証金の支払に（一社）日本保釈支援協会を利用していない限りは不利になることは何もありません（(一社）日本保釈支援協会を利用している場合については、本書65頁)。保釈許可決定が出ているだけで、何の不利益もないのです。むしろ、保釈請求をすることによって余罪の捜査を長引かせずに早めるという側面もあります。余罪の再逮捕を待って無駄に勾留されているよりもよっぽど望ましいともいえます。なお、余罪も起訴された場合、当該余罪についても保釈請求をすることになり、それにも保釈保証金が定められることになりますが、起訴されている罪全体で出頭確保や保釈条件遵守に足る金額を算出しますので、余罪の保釈保証金自体は低廉であることが多いです（例えば、最初の保釈許可決定の際の保釈保証金が250万円だった場合、余罪の保釈保証金は50万円等)。

そのため、余罪があったとしても、保釈請求をすることを躊躇わないというのが、余罪がある場合の留意点だといえます。

2　権利保釈について

本事例の建造物侵入罪・窃盗罪は牽連犯の関係にありますから、処断罪は窃盗罪になります。窃盗罪の法定刑は、10年以下の懲役又は50万円以下の罰金と定められていますので（刑法235条)、権利保釈除外事由である89条１号（被告人が死刑又は無期若しくは短期１年以上の懲役若しくは禁錮に当たる罪を犯したものであるとき)、２号（被告人が前に死刑又は無期若しくは長期10年を超える懲役若しくは禁錮に当たる罪につき有罪の宣告を受けたことがあるとき）には該当しません。

3号（被告人が常習として長期3年以上の懲役又は禁錮に当たる罪を犯したものであるとき）についてですが、本事例公訴事実が常習としてなされたものであるかどうかは勾留事実で判断しますが、逮捕も勾留もされていない余罪であっても常習性の有無を判断する1つの事情になり得ますから（本書62頁）、本事例被害店舗と同じチェーンの別の店舗でも同様の犯行を1件行ってしまったという事実は、常習性の有無を判断する1つの材料になります。あとは、この余罪1件だけで、勾留事実が常習として行われたものであるかを判断するかどうかは裁判官次第ということになりますから、たった余罪が1件あるだけでは常習とはいえないという主張をすることになります。

4号（被告人が罪証を隠滅すると疑うに足りる相当な理由があるとき）及び5号（被告人が、被害者その他事件の審判に必要な知識を有すると認められる者若しくはその親族の身体若しくは財産に害を加え又はこれらの者を畏怖させる行為をすると疑うに足りる相当な理由があるとき）ですが、まず、勾留事実については、被害店舗と示談が成立していますから、この事実は同条4号や5号に当たると判断される可能性を極めて低減させる事実であるといえます。一方で、勾留されている事実と勾留されていない余罪が関連しているような場合には、罪証隠滅や被害者等への加害行為等を判断する1つの事情として勾留されていない余罪を考慮することはあり得ますから（本書62頁）、同じチェーンの別の店舗に対する余罪が、考慮されることがあり得ることは念頭に置いておいた方がよいでしょう。本事例では、同じチェーンであるにもかかわらず被害店舗と示談が成立しているということは、被害店舗の独立性が高い事業形態と考えられるため、余罪を考慮すべきでないと主張することになるでしょう。本事例とは異なり、被害店舗の独立性が高くないような事業形態の場合では（例えば、被害弁償や示談交渉の窓口がすべての店舗で共通のような場合）、余罪が考慮されてしまうことはあり得るということになりそうです（ただし、このような場合には既に示談をしていることが、今後の示談成立可能性を高める事情としても考慮されると思います）。いずれにせよ、保釈請求前に検察官に対して、余罪店舗に対する示談の申入れをしたり、当該店舗に直接謝罪と被害弁償の申入れをする等して、事前に示談交渉に入ったことを証拠化し、それを疎明資料として保釈請求書に添付するべきでしょう。

本事例では、89条を素直に解釈すれば、権利保釈除外事由は存在しないというべきです。

3 裁量保釈について

(1) 罪証隠滅・逃亡のおそれ

罪証隠滅については権利保釈除外事由で述べた部分と重なります。

逃亡のおそれについてですが、初犯で示談も完了しているとしたら、裁判の結果は執行猶予付きの判決となる可能性が非常に高いため、そもそも保釈保証金を捨ててまで逃亡するおそれはないといえます。また、余罪の存在は逃亡のおそれについてAさんに不利な方向に働く事情であるとはいえますが、既に勾留事実では示談が成立していることは、有利に働く事情になるでしょう。既に勾留事実では示談が成立しており、余罪についても既に示談の申入れ済みであることを疎明資料と一緒に主張・疎明すれば、結局、保釈保証金を捨ててまで逃亡するおそれはないという判断に落ち着くと思います。Aさんの希望次第では、一人暮らしの家に戻るというチャレンジをさせてあげたい（後述するように防御上の不利益にも関わります）ところですが、刑事裁判が確定するまでは実家で生活するという方針の方が安全ではあります。

(2) 健康上、経済上、社会生活上の不利益の程度

Aさんは専門学校生ですから、専門学校に通えないことは社会生活上の不利益の程度が大きいということになります。また、留年をすることになれば学費をさらに負担しなければならないことになって、経済上の不利益も被ります。既に被害店舗と示談が成立し被害店舗の被害を回復している中で、これらの不利益をAさんに負わせることは相当ではありません。

(3) 防御上の不利益の程度

Aさんの本件犯行に至った動機は、生活が苦しく、遊ぶお金がほしかったということに尽きます。Aさんはもう再犯をすることはないと弁論で主張するためには、今後は一人暮らしでも二度と同じ過ちを繰り返さないといえることが必要です。そして、そのためには、一人暮らしをさせた状態で、家計の収支を洗い出し、どのようにやりくりするのかという点について一緒に考える必要があります。そして、この作業は、トライ&エラーを繰り返すことが必要ですから、できれば一人暮らしを前提とした保釈を実現させ、逮捕勾留前の生活と、保釈後の生活がこれだけ変わったということを裁判で主張立証したいところです。それができて、はじめて再犯可能性がないという弁論が可能になるでしょう。再犯可能性は一般情状事実としてAさんが執行猶予になるか実刑になるかに関わる事項ですから、これができないのはAさんの防御にとって不利だといえます。したがって、本事例ではできれば一人暮らしを前提とした保釈をして、家計のやりくりを実際にしてもらい、両親や弁護人がアドバイスをしながら生活ができることを明らかにすることがAさんの防御に資するといえるでしょう。

事例６　裁判員裁判対象事件と保釈

事例 6－1

【事案の概要】

Ａさんから弁護人が聴取した内容は、以下のとおりです。

すなわち、Ａさん（70代女性）は、１年前から夫が認知症となり、ずっと夫の介護を１人で担当していました。夫との間には息子と娘が１人ずついますが、それぞれ家庭を持ち別居しています。息子と娘は夫の介護を手伝うことを申し出てくれていましたが、Ａさんは２人に悪いと思い、その申出を断り続けていました。しかし、夫の介護は大変で、最近はＡさんのことも認識しなくなっていました。夫を施設に入れるように提案をされたこともありましたが、Ａさんは、現在住んでいる家が夫との２人の夢だったマイホームであり、家を買った時の夫の様子を思い出すと、きっと夫は施設には行きたくないだろう、マイホームで天寿を全うしたいだろうと思い、施設に入れることもしませんでした。夫の認知症は進行し、最近では、Ａさんのことを認識しないばかりか、Ａさんに心ない言葉を投げかけたり、Ａさんではなく別の女性の名前を呼んで、その女性を探すようなそぶりをみせたりするようになりました。Ａさんはそれにずっと耐えていましたが、ある日、夫のおむつを替えているときに罵声を浴びせられ、そのような現実に耐えられなくなり、自分が知っている夫はもういない、夫と一緒に死んで、天国で前の姿の夫と一緒に暮らそうと思い、近くにあったタオルで咄嗟に夫の首を絞め、殺害しました。その後、自分も死のうとしましたがどうしても死に切れず、自ら110番通報をして自首しました。

逮捕、勾留を経て、Ａさんは夫に対する殺人罪で起訴されました。息子と娘は、Ａさんがそこまで追い詰められてしまったのは自分たちにも原因があるとして、Ａさんの処罰は望んでいません。息子から弁護人に対し、今後はＡさんを自分が引き取りたいという希望が寄せられました。Ａさんには、前科も前歴もありません。なお、Ａさんは無職です。

【事案のポイント】

◎裁判員裁判対象事件であり、必ず公判前整理手続に付されること

◎殺人罪の中でも、執行猶予が付きやすい類型であること

◎子どもたちがＡさんの支援を申し出ていること

【解説】

1　裁判員裁判対象事件の流れ

裁判員裁判対象事件が起訴された場合には、必ず公判前整理手続に付されることになります（裁判員の参加する刑事裁判に関する法律49条）。裁判体によっても異なりますが、公判前整理手続に付しても、いきなり公判前整理手続期日を開くのではなく、打合せ期日（刑事訴訟規則178条の15）を重ねていき、公判期日が近くなってから公判前整理手続を開くという運用が多いように思われます。

この場合、起訴されてからおおむね２週間後に、検察官の証明予定事実記載書と証拠調べ請求がなされることになります（316条の13第１項、２項）。これを受けた弁護人は、請求証拠の謄写を経たうえで、検察官に対し類型証拠開示請求をすることになります（316条の15第１項。なお、証拠一覧表の交付請求もこれと同時かこの開示請求までにします。316条の14第２項）。地域差もありますが、謄写された請求証拠が弁護人の手元に届くのに約１週間かかり、その後類型証拠開示請求をするまで約２週間かかることが多いです。類型証拠開示請求を受けた検察官は、類型に該当すると考える証拠を開示しなければなりません。その開示の回答をするのに、類型証拠開示請求を受けてからやはり約２週間かかることが多いです。そのうえで、類型証拠開示の謄写を経て、弁護人は予定主張記載書面と証拠意見を提出することになります（316条の16第１項）。これにも、謄写した証拠が弁護人の手元に届くのに約１週間、手元に届いてから予定主張と証拠意見を出すのに、最低でも２週間は必要になります。これが出てはじめて裁判所は争点と証拠の整理をすることができるようになります。このように、起訴されてから弁護人が予定主張記載書面と証拠意見を出すまでに約10週間もかかってしまうことにな

ります。そうすると、裁判員裁判対象事件を含めた公判前整理手続を経る事件は長期勾留になりやすいので、保釈を勝ち取ることが依頼者のために重要になってきます。また、公判前整理手続で開示を受けたすべての証拠を依頼者と一緒に検討し、防御方針を定める必要がありますが、依頼者が勾留されたままだと、弁護人がすべての証拠を留置施設に持参しなければならず、アクリル板があるという不自由な状態で方針を話し合わなければなりませんが、これは全く現実的ではありません。事件によっては、本棚が１つも２つも埋まってしまうほどの記録量があるものもあるため、依頼者が保釈されなければ手足を縛られたまま防御をしなければならない状態と等しいといっても過言ではありません。ですので、もちろんすべての事件で保釈が許可されなければ本来おかしいのですが、特に保釈を実現させたい事件類型であるともいえます。

裁判員裁判が実施されるようになってから、保釈が以前よりも認められやすくなったといわれています。それを後押ししたとされる松本芳希元判事の「裁判員裁判と保釈の運用について」ジュリスト1312号（2006年）128頁では、被告人と弁護人とが、開示された証拠や弁護人の事実調査に基づいて綿密な打合せを行って、防御権の行使に遺漏ないようにすることが不可欠であり、集中審理が予定される場合、身体拘束中であると、打合せを行うのにどうしても時間的、場所的に制約が生じるため、十分な弁護活動のためには保釈の必要性が一段と高まるという指摘がされています。これはまさにそのとおりであり、保釈請求書にこれを引用する等して防御の重要性を裁判官に理解してもらうようにしましょう。

2　権利保釈について

殺人罪の法定刑は死刑又は無期懲役、若しくは懲役５年以上の刑ですから（刑法199条）、89条１号に該当します。そのため、裁量保釈が保釈請求書の中心となります。

3 裁量保釈について

⑴ 罪証隠滅・逃亡のおそれ

逃亡のおそれについては、Aさんは高齢ですし、Aさんの息子がAさんを引き取って一緒に暮らすという希望を持っていますので、保釈保証金では担保できないほどの逃亡のおそれがあると裁判所が判断することはないといえるでしょう。

罪証隠滅のおそれについて、まず公訴事実については、夫の遺体、タオル、遺体に残ったタオルで締められた跡、タオルで締められて死亡したことと矛盾しないという医師の鑑定書などによって立証されると思われ、それらに対する罪証隠滅の現実的・具体的な可能性を想起するのは不可能とさえいえるでしょう。

一方で、動機・経緯といった重要な情状事実についてはどうでしょうか。被害者が1人の殺人罪の量刑は、動機・経緯で全く異なってきます。例えば、本事例がいわゆる介護疲れの末に死亡させたという事件であれば執行猶予付きの判決が視野に入りますが、実はそうではなく、介護をする以前からの積年の恨みが爆発したという事件であれば執行猶予付きの判決は難しそうです。そうすると、この動機・経緯についての罪証隠滅のおそれを可能な限り低減させることが、本事例で保釈を勝ち取るための重要な要素だということになります。そして、その動機・経緯についての証拠が何かということを考えてみると、本人の供述はもちろんそうですが、それは罪証隠滅の対象にはなりません。ほかに証拠となるものがあり得るとしたら、Aさんが夫について普段から語っていた内容、接し方をみた人の供述、夫を日常的に虐待していたかどうか（夫の遺体にそのような跡があるかどうか）などが考えられます。夫の遺体への罪証隠滅は不可能ですから、本事例でのポイントは、夫について普段から語っていた内容、接し方をみた人の供述であり、その最良証拠はやはりAさんの子どもの供述ということになりそうです。本事例では、弁護側の証人として息子を請求することになると思います。そうすると、この息子との間での罪証隠滅、つまり、Aさんが息子に真実とは異なる、自分に有利な証言をさせるのではないか、という裁判所の懸念を払拭する必要があります。１つの考え方としては、息子が捜査段階で警察官や検察官からの事情聴取に応じて供述調書を作成している場合、もし法廷でそれと矛盾する供述をしたのであれば供述調書を利用して息子の法廷供述を検察官が弾劾すればよいだけですから、息子との罪証隠滅のおそれを過大評価するべきではない、と保釈請求書で主張するというものです。また、そのような供述調書が存在しないとしても、弁護人が息子の供述調書を作成して保釈請求書と一緒に提出し、これとは矛盾する供述はしないと裁判所に伝えるという方法も考えられます。

⑵ 健康上、経済上、社会生活上の不利益の程度

Ａさんは無職ですから、経済上の不利益については特に書くべきことはないかもしれません。ただし、高齢ですので、勾留が続くことがその健康に与える影響は看過できないでしょう。

⑶ 防御上の不利益の程度

上記に述べたとおり、本事例の争点は動機・経緯になることが想定されます。検察官は争わないかもしれませんが、そうだとしても動機・経緯を丁寧に法廷に顕出することによって裁判員に、Ａさんは執行猶予にしなければならないと思ってもらう必要があるでしょう。そうすると、この点についてＡさんからの詳細な聞き取りが必要になります。また、人の記憶は他の人と話をすることによって喚起されることもありますから、Ａさんからの聞き取りは、Ａさん単独ですることもあれば、息子や娘にも同席してもらって一緒に聞き取るということが必要になることもあるでしょう。そのような場合、Ａさんが勾留されているままであれば、息子や娘と一般面会で一緒に入らなければ一緒に話をすることはできませんし、その時間は１日１回15分程度しかありませんから、十分な聞き取りをすることは不可能です。また、Ａさんと息子や娘とのメッセージのやり取りや、そのメッセージがどういう意味だったのかという点についての聞き取

りが必要な場合もありますが、それを実際にみながら話し合うのは、Ａさんが勾留されていたら不可能です（留置施設は接見室への携帯電話の持込みを禁止していますし、その携帯電話をみせながら接見をすると接見を中止させられてしまいます）。したがって、充実した防御のためには、Ａさんを保釈してもらうことが必要不可欠というべきでしょう。

事例 6-2

【事案の概要】

Ａさん（40代男性）は、強制わいせつ致傷罪で通常逮捕され、勾留されました。

勾留状の被疑事実には、Ａさんが、深夜、東京都内の繁華街で路上通行中の女性（20代）に話しかけ、無視されるやその場に女性を押し倒し、着衣の上から胸や陰部を触るなどした後に、倒れたままの女性に対して数回右足で蹴る暴行を加え、その女性に全治約２週間の頭部打撲等の傷害を負わせたものであるという記載がありました。逮捕されたのは、被疑事実記載の日時から半年を経過した頃でした。

Ａさんは、北海道に在住しており、勤務先も北海道です。被疑事実記載の日時は、会社の出張で都内にやって来ており、飲み会に参加して２次会までは記憶があるものの、その後泥酔したためにその後の記憶が全くないとのことでした。その次の日の記憶としては、朝起きたら自分のホテルで寝ており、予定されていた会議に参加したとのことです。Ａさんには前科も前歴もなく、自分が被疑事実に記載されているようなことをすることはあり得ないとのことだったので、捜査段階では一貫して黙秘をしていました。しかし、Ａさんは強制わいせつ致傷罪で公判請求をされてしまいました。

起訴後、開示された証拠をみると、犯行の一部始終を撮影している防犯カメラがあり、Ａさんがみてもその姿はＡさんにみえること、犯行後乗車したタクシーのドライブレコーダーにもＡさんにみえる人物が映っており、そのタクシーはＡさんが宿泊したホテルでＡさんにみえる人物を降ろしていること、そのホテルの防犯カメラをみても、タクシーから降りてきた人物はＡさんにみえることから、Ａさんは公訴事実を認め、争わないことにしました。現在では、被害者への被害弁償を希望しています。

Aさんは、会社員であり、北海道の持ち家で妻と2人の子ども（中学生と小学生）と一緒に生活をしています。生まれてからずっと北海道で生活をしており、Aさんの実家はAさんの家の隣にあります。両親は健在です。会社は、本件を受けてもAさんの雇用の継続をしてくれるようです。妻は仕事はしていません。

【事案のポイント】

◎裁判員裁判対象事件であり、必ず公判前整理手続に付されること
◎Aさんの自宅は事件現場から遠く離れた北海道であること
◎Aさんと被害者に面識はないこと
◎示談が成立した場合には執行猶予付きの判決が想定されるが、示談は現時点では成立していないこと

【解説】

1 権利保釈について

強制わいせつ致傷罪の法定刑は無期懲役又は懲役3年以上ですから（刑法181条1項）、89条1号に該当します。そのため、裁量保釈が保釈請求書の中心となります。

2 裁量保釈について

(1) 罪証隠滅・逃亡のおそれ

罪証隠滅についてみると、事件発生から逮捕まで半年もの長期間が経過しており、その間に捜査機関は、犯行の一部始終を撮影している防犯カメラ、そしてそこに映っている人物とAさんとの同一性についての証拠を確保しています。これらの証拠は、既に捜査機関が収集している証拠ですから、罪証隠滅行為は不可能です。また、被害者への働きかけを考えても、Aさんは被害者と面識はなく、そもそも生活の基盤が北海道と都内で全く違うことから、Aさんが被害者に接触することは不可能ですし、

仮に接触できたとしても前記のように犯行の一部始終と犯人がＡさんであることは証拠化されていますので、被害者に働きかけをしたところで何の実効性もありません。したがって、罪証隠滅の現実的・具体的可能性も実効性も全くないというべきでしょう。

また、逃亡のおそれについても、Ａさんは北海道に生活の基盤があり、持ち家に妻と２人の子ども（中学生と小学生）と一緒に生活をしており、そのうえ、現在では被害弁償を希望しているため、被害者との示談が成立すれば、前科も前歴もないＡさんは執行猶予付きの判決を得られる可能性があります。そうすると、保釈保証金で担保できないほどの逃亡のおそれは観念できないというべきでしょう。

なお、本事例のような事件発生から半年後に通常逮捕されたような場合には、逮捕やそれに続く勾留請求は取調べ目的としか考えられないため、勾留請求の段階から勾留を争うことが肝要です。

⑵ 健康上、経済上、社会生活上の不利益の程度

Ａさんには妻と２人の子ども（中学生と小学生）がおり、妻は仕事をしていないということですので、Ａさんの一家の家計はすべてＡさんが支えているという状態にあります。そのような中で、Ａさんの収入が得られない状態が続けば、Ａさんの家族は立ち行かなくなってしまいます。また、Ａさんの妻が中学生と小学生の子どもを養育している中で、いきなり正社員になって働くというのも、就職活動に要する時間も考慮すれば、現実的ではありません。パートとして働き始めることは可能ではありますが、それでＡさんが支えていた家計をすべて賄えるはずもありません。Ａさんの家族のためには、Ａさんが保釈されて就労しなければならないというべきです。幸い、会社は受け入れてくれる意向を示していますので、保釈されれば直ちに経済上、社会生活上の不利益は解消されます。それを疎明するために、Ａさんの陳述書や誓約書、Ａさんの妻の陳述書や誓約書、Ａさんの会社の上司からの電話聴取書等を添付するべきでしょう。

(3) 防御上の不利益の程度

Aさんは被害者に対して被害弁償を行いたいと考えているため、被害弁償の原資を確保する必要があります。しかし、Aさんがいつまでも勾留されていれば、Aさんの家族は貯金を切り崩すしかなくなりますので、被害者への被害弁償にお金を回せなくなる可能性があります。Aさんが保釈されれば、Aさんが就労することによって、被害弁償金を確保することができます。そうすれば、示談交渉もすることができるため、Aさんが就労できないことは、Aさんの防御上の不利益に直結します。さらに、Aさんは裁判で執行猶予付きの判決を求めることになりますが、裁判までに社会内でAさんがどのような生活をしていたかという点も、Aさんの反省の態度や社会内での更生可能性、再犯可能性がないことを示す事情になります。このような立証を裁判でできなくなることも、Aさんの防御上の不利益であるということができます。

■保釈請求書サンプル　事例6-2

令和○年（○）第○号　強制わいせつ致傷被告事件
被告人　○○○○

保　釈　請　求　書

令和○年○月○○日

○○地方裁判所　第○刑事部　御中

〒○○○－○○○
○○県○○市○○区○○
○○法律事務所
TEL ○○○－○○○－○○○○
FAX ○○○－○○○－○○○○
弁護人　○○○○

上記被告人は頭書被告事件について勾留中であるところ、下記の理由により、保釈を請求する。

記

第1　裁量保釈を認めるべき事由の存在

被告人には、以下のとおり裁量保釈（刑事訴訟法90条）を認めるべき事由が存在する。

1　罪証を隠滅するおそれがない

(1)　罪証隠滅の客観的可能性も主観的可能性もない

本件は、事件発生から、既に半年以上の長期間が経過しており（事件発生：令和○年○月○日）、捜査機関は、本件の客観証拠（犯行状況がすべて録画されている防犯カメラ映像を含む）をすべて収集しており、被告人の身体拘束が解かれても、被告人がこれらの証拠を隠滅する余地はない。

本件において想定し得る罪証隠滅行為としては、被害者に対する働きかけが抽象的には考えられる。

しかし、被害者の生活基盤が東京都内であると考えられる一方で、被告人の生活基盤は北海道にあり、身体拘束が解かれた場合には引き続き北海道の住所地において妻子とともに生活することを誓約している（資料1：被告人の誓約書）。常識的に考えても全く生活基盤が異なる中で、被告人が被害者に接触するというのは不可能である。

何よりも、被告人は、被害者に対して、弁護人を通じて、謝罪と示談交渉の申入れをしている（資料２：申入書）。被告人は、被害者に連絡・接触しないことを固く誓約している（被告人と被害者とは事件当時偶然出会っただけの関係であり、被告人は、被害者の住所も連絡先も一切知らないため、被告人が被害女性に連絡・接触をする余地もない）。

さらに、後述のように被告人の妻が被告人を１人で東京に行かせることはないと誓約している（資料３：妻の誓約書）。被告人の会社も今後は被告人を東京出張に行かせることはないとしているため（資料４：上司の電話聴取書）、被告人が東京に来て被害者を探す余地は存在しない。

このように、被告人には罪証隠滅の主観的可能性も一切存在せず、具体的・現実的なおそれも一切認められない以上、「被害者や事件関係者に働きかける可能性がある」という抽象的な可能性をもって証拠隠滅のおそれを認定することが許されないことはいうまでもない。

⑵　小括

以上より、本件では、罪証を隠滅するおそれは存在しない。

２　逃亡するおそれがない

被告人は、身体拘束が解かれた場合には、上述のとおり、北海道の自分の住所地で妻及び子どもと共に生活し、妻の指導・監督に服することなどを固く誓約している。

被告人の妻も、①自宅で被告人と共に生活しながら、責任をもって被告人を監督すること、②被告人が外出するときは、新規契約した携帯電話を持たせ、いつでも妻と連絡をとれる状態とすること、③被害者の女性はもちろん、今回事件前に行った店、事件前後に利用したタクシー会社やその運転手などといった事件関係者と一切連絡・接触をしないように厳しく指導すること及び電話機能を利用する場合には報告してもらうようにし、通話履歴を都度確認すること、④弁護士との打合せのために東京に行く場合には、必ず妻が同行するようにすること、⑤裁判が開かれる日には、必ず、妻が裁判所に同行し、出頭を確保することを固く誓約している。

妻は、本件を受けて、パート勤務を辞めており、現在無職である。したがって、被告人の言動を日々厳しく監督することが可能である。妻の実効的な監督が期待できる。

本件は、強制わいせつ致傷罪１件であるところ、被告人が被害者に対し、謝罪と被害弁償のため、示談の申入れをしており、これが成立した場合には、被告人に前科前歴がないこと等にも照らすと、執行猶予判決が下され得る可能性が十分に考えられるところである。それにもかかわらず、被告人が子どもと、支えてくれる妻を捨てて、あえて逃亡という割に合わない行動に出る理由は一切ない。

このように被告人の身上は安定しており、適切な保釈保証金を納付すれば、それを捨ててまで逃亡する具体的・現実的可能性は存在しない。

3 保釈の必要性

(1) 裁判員裁判における防御の必要性

本件は裁判員対象事件であり、連日開廷による集中審理が行われる。松本芳希元判事の「裁判員制度と保釈の運用について」(ジュリスト1312号(2006年)128頁)によれば、「被告人と弁護人とが、開示された証拠や弁護人の事実調査に基づいて綿密な打合せを行って、防御権の行使に遺漏なき期することが不可欠」、集中審理が予定される場合、「身体拘束中であると、打合せを行うのにどうしても時間的、場所的に制約が生じるから、十分な弁護活動のためには保釈の必要性が一段と高まる」とされている。このように、裁判員制度によって審理が行われる本件では、集中審理に被告人、弁護人が適切に対応するため、保釈の必要性が高度に認められる。

(2) 被害者への被害弁償及び家族の生活のための就労の必要性

被告人は、被害者に対して、償いの1つとして、できる限りの被害弁償を行いたいと考えている。被告人は、自ら、まじめに仕事してできる限りの被害弁償を行いたいと考えているところ、公訴事実に争いのない本件においては、既に事件発生から半年以上が経過しており、必要な捜査を遂げるに十分な期間が経過している中では、現在のまま勾留を続けるよりも、家族の厳格な監督のもと、まじめに仕事をして、出来る限りの被害弁償を行うことの方が、はるかに被害者の利益に資するし、そのような更生に向けた具体的な活動に取り組むことの方が、はるかに被告人の更生や再犯の防止にも資するというべきである。

さらに、被告人には、上述のとおり子どもがいるところ、少なくともあと10年は経済的な支援が必要となる。被告人の妻も稼働することを検討しているところではあるが、妻のパートの稼ぎのみでは、同人らを育て、生活していくのに十分でない。幼い子どもの生活のためにも、被告人が社会内でまじめに就労する機会を付与するべきである。

他方、前述のとおり、本件では罪証隠滅の具体的・現実的なおそれも逃亡の具体的・現実的なおそれも存在せず、仮にわずかに認められるとしても、保釈保証金及び保釈条件が十分な担保となる。

したがって、本件では裁量保釈が認められるべきである。

第2 結論

以上述べたとおり、被告人には裁量保釈事由が存在することから、速やかに被告人を保釈する旨の決定を出されたい。

第3 その他

1 身元引受人

○○○○（被告人との関係：妻）

2 制限住居

○○

3 希望保釈金

○○万円

4 裁判官との面接

裁判官との面接を希望いたします。

添付資料

1．誓約書（被告人）

2．申入書

3．誓約書（妻）

4．被告人の上司の電話聴取書

以 上

事例 6-3

【事案の概要】

Aさんから弁護人が聴取した内容は、以下のとおりです。

すなわち、Aさん（20代男性）は、強制性交等致傷罪で逮捕・勾留されました。その被疑事実の内容としては、深夜、最寄駅から自転車で帰宅途中、強制的に性交する目的で、同じく自転車で同じ進行方向を向いていた女性を横から蹴って転倒させ、女性を暗がりに引きずっていって馬乗りになったものの、通行人が来たために性交には至らなかったが、女性を転倒させた際に女性に全治約１週間の左大腿部擦過傷の傷害を負わせたというものでした。

Aさんは、外形的な事実関係は認めるものの、女性を転倒させたのは強制性交をしようとしたからではなく、面識もないのにいきなり睨まれたと感じたために腹を立て、なぜ睨んできたのかという点を問いただそうとして転倒させたのだということでした。そして、道路の真ん中で問いただすと危ないので、少し避けたところで馬乗りになって返答次第では殴ろうと思ったが、問いただす間もなく通行人が来たのでその場から逃走したというものでした。そのため、傷害罪の成立はやむを得ないものの、強制性交等致傷罪は成立しないという主張になります。Aさんは、傷害の結果を負わせてしまったことは申し訳ないと思っており、被害弁償を希望しています。捜査段階では一貫して黙秘しましたが、強制性交等致傷罪で公判請求されてしまいました。

起訴後、開示された証拠をみると、事件発生の約１時間前に「レイプしたい」というインターネット検索履歴があり、同時に多数のレイプの経験談に関するサイトをみている証拠や、Aさんが犯行現場にビニールテープを持参しており、それを遺留していることがわかり、検察官はこれをもって強制性交等の故意を立証するという主張でした。

Aさんは会社員であり、その会社は、大学卒業後新卒で入社した第一希望の会社だそうです。そして、現在は親元を離れて事件現場から徒歩５分程度の場所で一人暮らしをしているようです。しかし、会社からはこれ以上欠勤が続くと解雇するといわれてしまっています。現状、Aさんには貯金はなく、解雇されると困るといっています。

【事案のポイント】

◎裁判員裁判対象事件であり、必ず公判前整理手続に付されること

◎故意が問題になる事案であること

◎Ａさんと被害者に面識はないこと

◎Ａさんが事件現場から徒歩５分程度の場所で一人暮らしをしていること

【解説】

1　権利保釈について

強制性交等致傷罪の法定刑は無期懲役又は懲役６年以上ですから（刑法181条２項）、89条１号に該当します。そのため、裁量保釈が保釈請求書の中心となります。

2　裁量保釈について

⑴ 罪証隠滅・逃亡のおそれ

本事例の争点となっている故意については、本来自白以外に直接証拠は存在せず、基本的には客観的な証拠で立証されるものです。そして、本事例では、Ａさんが女性を転倒させ、引きずり、馬乗りになったことに争いはなく、またインターネットの検索履歴や現場にビニールテープを遺留したことについては証拠化されており、これに対する罪証隠滅は不可能だといえます。被害者（Ａさんの話を前提にしても傷害の被害を受けているのでこのように表記します）の聴取も警察・検察でそれぞれ行われ、供述調書化しているでしょうから、働きかけをしても実効性はありません。客観的な態様に争いがない中で、「故意」というＡさんの内心の問題について、被害者に働きかけをして供述させることができる部分は限られています。したがって、本来、罪証隠滅の具体的・現実的可能性はないといえるはずの類型の事件です。

ただし、そのような前提があったとしても、裁判官は、Ａさんが事件

現場から徒歩5分程度の場所で一人暮らしをしていることを懸念するでしょう。被害者が、深夜に駅の方向から自転車でAさんと同じ方向に進行していたということは、被害者もAさんの家の近くに居住している可能性が高いです。そうすると、Aさんが被害者に接触する可能性を現実的なものとしてとらえるかもしれません。そのため、保釈請求書ではこの点についてのフォローを考えるべきでしょう。具体的には、現在Aさんは一人暮らしをしていますが、その家を解約してもらい、刑事裁判の結果が確定するまでは親元で暮らしてもらうということが考えられます。おそらく、本事例ではAさんを説得して一人暮らしの家を解約し、その解約書を保釈請求書の疎明資料とするのが確実な方法であると思います。

そうすれば、逃亡のおそれについても、当該解約書に加え、親元で一緒に暮らすというAさんの陳述書・誓約書と、Aさんを監督するというAさんの両親の陳述書・誓約書を疎明資料として提出すれば、保釈保証金では担保できないほどの逃亡のおそれがあるとまでは判断されないと思われます。

⑵ 健康上、経済上、社会生活上の不利益の程度

本事例では、Aさんは現時点では会社から解雇されていないものの、会社を解雇され職を失えば、経済的に立ち行かなくなってしまいます。また、Aさんは傷害の限度では認めていますが、第一希望で入社することができた会社で今後も社会生活を営んでいくことこそが、今後のAさんの更生にも資するというべきです。勾留はこれらのものをすべて奪ってしまうことになりますので、Aさんを保釈すべきであると主張することになると思います。

⑶ 防御上の不利益の程度

まず、検察官は故意を推認する事情として犯行態様も挙げることが考えられますから、現場で本人に経緯や犯行態様、事後の行動まですべて再現をしてもらい、本当にその犯行態様が故意を推認する事情となるといえる

かの検証が防御をするうえで必須になります。この場合、前記のように犯行現場は被害者の家に近いと考えられますから、このような検証が必要だと裁判官を説得する前提として、親元から犯行現場までの送迎はすべて弁護人が行い、犯行現場付近でAさんを1人にさせないこと、再現をする日時については事前にあらかじめ検察官に通知をすること（したがって、検察官から通知を受けた被害者が偶然その場を通りかかってしまうという可能性がないような配慮をすること）を条件として提示するべきでしょう。裁判官が必要だと考えれば、弁護人と検証のために検察官に事前に通知した日時以外に現場に訪れてはならないという保釈条件を設定することになるでしょう。このような保釈条件を設定されてもかまわないので、弁護人としては防御のために是非ともAさんと一緒に現場で検証、再現をしたいケースであるといえます。

また、例えばインターネットの検索履歴についても、これは一般的な検索であり、本事例の故意を推認させるものではないという主張があり得ます。そのために、検察官から開示された前後の膨大な検索履歴から、他の日にも同じような検索をしていることを立証するという方法が考えられます。検索の意味や意図は、Aさんの話を聞きながら検討しなければ十分な理解を得ることは難しいです。これが勾留されたままであれば、膨大な証拠を差し入れしたうえで、アクリル板越しにやり取りをしなければなりませんが、保釈されていれば、事務所に来てもらい、同じ机で横に並びながら一緒に検討することができます。このような作業も、やはり本事例の防御で必要不可欠というべきでしょう。

さらに本事例では、Aさんが、傷害の部分について被害弁償をしたいと申し出ていることも挙げられます。Aさんには現在貯金がなく、現状のままでは十分な被害弁償はできないでしょう。Aさんを保釈し、社会内で働いてもらい、得た収入から被害弁償をすることも、Aさんの防御活動にとって重要であるといえます。

事例 6-4

【事案の概要】

Aさんから弁護人が聴取した内容は、以下のとおりです。

すなわち、Aさん（30代男性）が後輩らと居酒屋で飲食をしていたところ、同じ居酒屋にいた別のグループの男とトラブルになりました。Aさんは身長170センチで体重70キロ、その男（40代男性）は身長180センチほどで体重100キロほどありそうな体格でした。Aさんは、居酒屋で殴り合いになるのはよくないと思い、その男に一緒に外に出ようと声をかけ、2人で外に出ました。Aさんの後輩のうちの1人も一緒に行くといって聞かず、Aさんと男が歩く10メートルほど後ろを歩いてついてきました。Aさんと男は無言で約5分間歩き、公園に着きました。公園に着いたので、Aさんは話をして終わりにしようと思って、Aさんよりも少し後ろを歩いていた男の方に振り返ると、その男はいきなりAさんの顔面を右拳で一発殴りました。その瞬間にAさんの鼻から血が噴き出しました。Aさんは怯んだらやられると思い、両拳でその男の顔面を数発殴りました。男は殴られながら後退りをしました。そして、男は尻餅をついたものの、右手でAさんの服を引っ張っていたので、Aさんは中腰の態勢でさらにその男の顔面を数発殴りました。男が右手をAさんの服から離したことから、Aさんは殴るのをやめました。男の顔面は血だらけになっており、大の字に倒れたので、Aさんは119番通報をし、その後駆けつけた警察官に傷害罪の現行犯で逮捕されました。Aさんも病院に行き診察を受けたところ、鼻骨を骨折していることが判明しました。相手の男は、病院に搬送された後、出血性ショック等により死亡してしまいました。そして、Aさんは傷害致死罪で公判請求されました。裁判員裁判では、本件は正当防衛であり、無罪であると主張する予定になっています。開示された証拠をみると、一緒にいた後輩の供述調書がありました。そこでは、Aさんがいきなり殴られたのでびっくりして、その男を後ろから引っ張って男が尻餅をつきそうになったので避けた、その後はAさんが殴っていたので、Aさんがやられそうになったら手を貸そうと思ってみていたという記載がありました。一方で、Aさんは、その男から殴られた後は、後輩がどこにいたか認識していなかったようです。

Aさんは、住所地において自営業で解体業を営んでいます。従業員はいません。一人暮らしで、両親とは死別しています。交際相手はいるようです。10年前に傷害罪で罰金となった前科があるようです。

【事案のポイント】

◎裁判員裁判対象事件であり、必ず公判前整理手続に付されること

◎共犯者とされる後輩の存在

◎一人暮らしで常に一緒にいる監督者がいないこと

【解説】

1　権利保釈について

傷害致死罪の法定刑は懲役3年以上の有期懲役ですから（刑法205条）、89条1号に該当します。そのため、裁量保釈が保釈請求書の中心となります。

2　裁量保釈について

⑴ 罪証隠滅・逃亡のおそれ

罪証隠滅のおそれについては、まず構成要件を立証する証拠としては男の遺体、その遺体の鑑定書があると思われ、それについて罪証隠滅する具体的・現実的可能性は存在しないでしょう。本事例の問題は、争点となるであろう正当防衛の成否であり、具体的には、男がいきなり殴ってきたというAさんの供述の信用性を排斥できるかという点に尽きるでしょう。この点の立証で鍵になるのが、一緒にいた後輩の供述です。犯行の目撃者がAさんの後輩というその立場から、裁判官は働きかけの可能性は具体的・現実的であると考えるでしょう。後輩の話は、Aさんが体格差のある相手から不意打ちで殴られたというものですから、正当防衛の急迫性の要件に関わりますし、後輩の供述でその要件の成否が決まるといっても過言ではありません。ただし、本事例では、後輩が捜査段階で「Aさんがいきなり殴られたのでびっくりした」という内容の供述調書が作成されて

います。そうすると、弁護側からみれば、急迫性の要件が不存在であることに合理的な疑いを生じさせる供述が既に存在するわけですから、これ以上、後輩に話をさせることなど存在しないことになります。したがって、本事例では、既に後輩の供述調書という有力な証拠が存在することから、罪証隠滅の実効性はないと主張することになるでしょう。

逃亡のおそれについては、一人暮らしで常に一緒にいる監督者がいないという点が大きなネックになるでしょう。ただし、住所地において自営業で解体業を営んでいるというのは、地域とのつながりが生活の糧になっているという点で、逃亡のおそれを低下させる事情であるといえます。具体的に、今どのような会社とどのような取引があって、それでどの程度の収入を得ているのかという点についてＡさんの陳述書や、可能であれば取引相手の会社の人から聞き取りを行って疎明資料化するという方法が考えられます。そして、そのように生活の基盤がつくられていることを前提に、例えば交際相手に同居してもらうことによって、監督者となってもらうことがよいでしょう。また、例えば毎日決まった時間に弁護人に電話をして常に連絡をとれるような状態にして、もしその時間までに連絡がなければ弁護人から裁判所にその旨通知をすることを保釈条件としてもらうという方法もあるかもしれません。

⑵ 健康上、経済上、社会生活上の不利益の程度

自営業者で従業員もいないという事情は、経済上の不利益に直結するでしょう。Ａさんがいなければ依頼を受けた仕事をこなす人が誰もおらず、また勾留が長引けば取引相手が別の業者に依頼をするようになってしまい、経営が立ち行かなくなってしまう可能性が高いとさえいえます。自分の身を守るためにした行為によって、勾留され、仕事をも奪われるのは耐えがたいほどの不正義だといえるでしょう。

⑶ 防御上の不利益の程度

否認事件はほとんどすべてそうだといえますが、本事例でも特に相当性

の要件との関係で、本人に現場で再現してもらう必要性が高い事件です。できれば相手の男と同等の体格の人に協力してもらい、最初に殴られた際の再現、そして相手が倒れた後の服の引っ張り方の再現をしてもらう必要があるでしょう。さらに、相手が下でＡさんの服を引っ張っているという体勢から、相手がＡさんに具体的にどのような攻撃が可能かということを実際に検証する必要があります。ともすれば、相手が倒れていることのみをもって、相当性に欠けるのではないかという判断もされかねませんので、裁判では、相手が倒れているという状況であっても、体重差がある相手であれば下からでも具体的にこのような攻撃が可能だということ、そのような攻撃はＡさんの生命・身体に対する脅威であるということを丁寧に主張し、明らかにしていく必要があります。

そうすると、保釈したうえでそのような再現・検証をすることは、Ａさんの防御にとって不可欠だといえますから、勾留されたままでは防御の不利益が大きいと主張することになります。

事例７　控訴審での保釈

事例
７－１

【事案の概要】

Ａさんから弁護人が聴取した内容は、以下のとおりです。

すなわち、Ａさん（40代男性）は飲み会の後、駅に向かい繁華街を歩いていたところ、前から歩いてきた男（60代）と肩がぶつかりました。その男が何もいわずに通り過ぎようとしたことに腹を立てたＡさんがその男を呼び止めたところ、その男はここでは邪魔になるといったので、Ａさんがそれでは路地裏に行こうといい、２人で路地裏に行きました。路地裏に着いた後、Ａさんが「なんだその態度は！」と怒鳴ったところ、その男がＡさんの顔面を平手で叩いたので、Ａさんは右拳でその男の顔面を一発殴りつけたところ、その男はそのまま仰向けに倒れ、後頭部を地面に強打しました。大変だと思ったＡさんは、救急車を呼び、その男は運ばれて行きましたが、Ａさんは傷害罪の現行犯で逮捕されました。その後、勾留を経て、Ａさんは傷害罪で起訴されました。起訴状には、その男に発生した傷害結果として、頭蓋骨骨折、急性硬膜下血腫等の傷害で全治約半年と記載されていました。

第一審では、Ａさんは正当防衛を主張しましたが、目撃者等の尋問の結果、被害者が先に殴ったというＡさんの主張は排斥され、懲役２年の実刑判決となりました。第一審では無罪を獲得することを目標としていたため、被害弁償も、示談交渉も特にしなかったようです。なお、Ａさんには前科も前歴もありません。Ａさんは、自分としてもこのように重い傷害結果を被害者に負わせるつもりは全くなかったので、せめて少しでも被害弁償はしたいと思い、控訴することにしました。ただし、被害弁償を一括ですることは不可能なので、毎月得た収入から少しずつ支払をしたいという希望があるようです。

Ａさんには妻と大学生の娘がいます。Ａさんは会社員、妻は別の会社でパート従業員をしています。妻の収入だけで家計のすべてを維持することは何とかできますが、娘の大学の学費はＡさんの収入も合算しないと支払えません。会社は理解があり、今後も雇用の継続をしてくれるとのことでした。

なお、第一審では、起訴されてすぐに保釈されたようです。

【事案のポイント】

◎第一審判決後の保釈なので、権利保釈の規定が適用されないこと

◎被害弁償、示談がいまだできていないこと

◎被害弁償、示談ができれば執行猶予付きの判決がなされる可能性があること

【解説】

1 第一審で実刑判決を受けた依頼者が置かれている立場

第一審で禁錮以上の刑に処する判決の宣告を受けた場合、保釈の効力は失われますので（343条）、その場で収容されることになります。そのため、実刑判決があり得る場合には、あらかじめ依頼者と相談し、実刑判決だった場合に控訴をするか、控訴をする場合保釈をするかという点を決めておく必要があります。そして、依頼者が控訴及び保釈を希望する場合、少なくとも保釈請求書は判決後直ちに提出できるように準備しておくべきでしょう。

また、第一審判決後の保釈請求では権利保釈の規定は適用されませんので（344条。なお本書15頁参照）、判決後に直ちに提出する保釈請求書には90条に規定されている裁量保釈事由だけを書くように注意しましょう。

2 裁量保釈について

⑴ 罪証隠滅・逃亡のおそれ

罪証隠滅のおそれについては、第一審で必要な証拠調べはすべて終了しており、これから例えば目撃者に働きかける等をしても実効性はないため、罪証隠滅の具体的・現実的危険はありませんし、実効性もないと記載することになります。裁判所もさすがに第一審で証拠調べを終えて判決に至っていますので、罪証隠滅のおそれを理由に裁量保釈を認めないという

ことはないと思います。ですので、この点については通常はあまり厚く論じる必要はないといえます。

一方で、逃亡のおそれについては、第一審判決前とは異なり、控訴審で逆転しない限り刑務所に行くことが確定していますから、通常は第一審判決前よりも逃亡のおそれは高度のものになっていると評価されることになります。それを前提に裁判官をどのように説得するかを考えるべきでしょう。特に、第一審判決後に保釈請求を直ちにする場合には、第一審で実刑判決をした裁判官が保釈の判断権者になりますから、その第一審の裁判官を説得する材料を用意しなければなりません。

大前提として、第一審で起訴後すぐに保釈されていながら、一度も逃げることなく公判期日に出頭し続けた「実績」があることを簡単に書いておくとよいと思います。

そのうえで、本事例では、第一審で活動できなかった被害弁償及び示談交渉を持ち出すことになるでしょう。被害弁償ができ、示談が成立した場合には、本事例は控訴審で執行猶予付きの判決がなされる可能性がそれなりにあるからです。したがって、保釈請求書では、この示談成立までの道のりを丁寧に示し、疎明し、第一審の裁判官が「これであれば控訴審で執行猶予付きの判決になる可能性がある」と考えさせなければなりません。控訴審で執行猶予付きの判決になるのであれば、逃亡のおそれが第一審判決前よりも高まるということになりません。特に、本事例のように毎月の収入から分割して支払うことを約束するような場合には、毎月仕事をきちんとこなすことで定期的に収入を得ることが執行猶予付きの判決につながるわけですから、むしろ逃亡のおそれを低下させる事情であるとすらいえます。それゆえ、この点についての丁寧な疎明が裁量保釈につながるといっても過言ではありません。

まず、依頼者と被害弁償及び示談交渉の方向で控訴審をたたかうという合意がとれたら検察官に被害弁償と示談交渉の申入書をFAXします。そして、その申入書を疎明資料として添付し、「具体的に検察官に対して被害弁償及び示談交渉の申入れをしたこと」を疎明します。次に、会社の上司から、第一審で実刑判決を受けた後も雇用を続けることや本人の今後の会社内での処遇（得られる給料を含む）について聴取し、これを疎明資料とします。これによって、本事例では会社は今後も雇用を続けることを約束してくれていますから、「今後も定期的な収入を得る見込みであること」を疎明することができます。さらに、妻の陳述書を用意し、毎月の依頼者の給料から「家計に入れなければならない金額」を聴取します。これによって、毎月の依頼者の給料から家計に入れなければならない金額を引いた分が毎月被害者に支払うことのできる被害弁償金ということになります。最後に、依頼者の陳述書によって、会社と妻の監督に従うこと、給料から家計に入れる分を差し引いた金額を被害者に支払うという誓約をしてもらうことになります。現実的にはすぐに示談が成立するとは限りませんので、示談成立までは例えば給料から家計に入れる分を差し引いた金額を弁護人の預り金口座に積立て、示談成立時にそれを一括で支払うということを誓約することも有効でしょう。これらの疎明資料では、毎月の給料額、家計に入れなければならない金額、毎月被害者に支払うことのできる金額は具体的な金額である必要があります。この金額を決める際には、実現不可能な金額を設定しても意味がありませんので、依頼者とその金額についてはよく相談したうえで、具体的な金額を設定する必要があります。

このように、示談成立までの具体的な道筋を示すことによってはじめて、通常は第一審判決前よりも高度であると思われている「逃亡のおそれ」が高くはないという主張をすることができます。いずれにせよ、第一審で実刑判決を出した裁判官が納得するような具体的な方策を示すことが肝要です。

⑵ 健康上、経済上、社会生活上の不利益の程度

本事例では、A さんの娘の大学の学費等、依頼者が働かなければ賄えない部分が存在します。その部分を補うために本人が社会に出て生活費を稼ぎ続ける必要があります。そして、第一審で実刑判決を受けたことから、控訴審で逆転できなかった場合に備えて、依頼者が刑務所に入ってい

る間も一家の家計を支える方策を考える必要もあります。本人が控訴審判決が出るまでは仕事をしたり、刑務所に入っている間の家計の方策を考えたりするためには、やはり依頼者を保釈してもらう必要がありますし、保釈されないことによる不利益は大きいといえます。

裁判官の中には、これらは第一審判決が出るまでにやっておくべきだという主張をする人もいるようですが、それは本事例のように第一審で有罪判決となったとしても執行猶予付きの判決がある程度想定できるケースでは乱暴な議論だというべきです。仕事の継続など、第一審判決前の生活を維持することは十分可能であり、再犯防止の観点からは本事例のようなケースではむしろそれが望ましいといえるでしょう。一方で、第一審判決前に身辺整理をせよというのは、執行猶予付きの判決がなされるかもしれないのに、一度仕事を辞めてから第一審判決に臨むこととなり、現実的ではありません。保釈請求書の中では、念のため、そのような考えが誤っているということを付言しておいてもよいかもしれません。

⑶ 防御上の不利益の程度

前記⑴の逃亡のおそれの事情は、すべて防御上の不利益としても主張することができます。すなわち、被害弁償をして示談が成立すれば、いわゆる2項破棄されて執行猶予付きの判決を獲得することができるかもしれませんが、保釈されなければその原資がないために被害弁償も示談もできないわけですから、いわゆる2項破棄を狙うことすらできません。これは、被告人の防御の利益を著しく害するというべきです。したがって、逃亡のおそれの事情は、防御のために必要不可欠な事情であって、保釈を許さないことは被告人から防御の機会を奪うことと同義であることを説得的に論証すべきでしょう。

3 検察官からの抗告に備える

近年、再保釈を認める決定に対しては検察官から抗告の申立てがされることが増えてきました。それは、保釈中に逃亡する人が増えているなどという報道が背景にあるように思われます。

まず、依頼者やその家族には、保釈許可がされた場合には検察官から抗告の申立てがなされる可能性があることを十分説明しておきましょう。そして、保釈許可がされた場合には、検察官に抗告の申立てをするかどうかを確認しましょう。抗告の申立てがなされた場合には、当該申立書を閲覧・謄写し、抗告審に弁護人から意見書を提出することも考えて当日のスケジュールをあらかじめ空けておきましょう。

■保釈請求書サンプル　事例７－１

令和○年（○）第○号　傷害被告事件
被告人　○○○○

保　釈　請　求　書

令和○年○月○○日

○○地方裁判所　第○刑事部　御中

〒○○○－○○○
○○県○○市○○区○○
○○法律事務所
TEL ○○○－○○○－○○○○
FAX ○○○－○○○－○○○○
弁護人　○○○○

上記被告人に対する頭書事件につき、下記の理由により保釈を請求する。

記

第１　裁量保釈を認めるべき事由の存在

被告人には、以下のとおり、裁量保釈（刑事訴訟法90条）を認めるべき事由が存在する。

１　罪証を隠滅するおそれがない

第一審において、証人尋問や被告人質問等を含むすべての検察官立証は終了している。

今後、身体拘束が解かれても、被告人がこれらの証拠を隠滅する余地はなく、罪証隠滅の現実的・具体的なおそれは一切存在しない。

したがって、「罪証を隠滅するおそれ」はない。

２　逃亡するおそれがない

被告人は、第一審の保釈期間中、定められた制限住居に居住し、公判期日すべてに、きちんと出頭した。上記期間中、被告人が逃亡を疑われるような行動をしたことは一度もない。被告人は、第一審の保釈中も仕事を続けている。現在でも従前の仕事を継続することは可能である。

被告人は、身体拘束が解かれた場合には、第一審期間中と同様に、妻と共に生活する予定である（資料１：被告人の誓約書）。妻も、被告人の再保釈が認められた場合には、被告人の言動を厳しく指導・監督することを固く誓約している（資料2：妻の誓約書）。

一方で、一審で実刑判決が出たことにより、逃亡の動機が増すと考えるかもしれない。しかし、後述するように、被告人は被害者に対する被害弁償を望んでおり、それが叶って被害弁償をして示談が成立すれば、控訴審では執行猶予付きの判決となることも十分にあり得る。既に被告人は検察官に対し、被害者に対する被害弁償及び示談交渉の申入れをしている（資料3：検察官に対する申入書）。このような被告人が控訴審ですべきことと、その結果想定される控訴審判決の結果を考えれば、本件では実刑判決を受けたとはいえ必ずしも逃亡する動機が第一審時よりも高まっているとはいえない。

このように被告人の身上は安定しており、適切な保釈保証金を納付すれば、それを捨ててまで逃亡する現実的・具体的なおそれはない。

3　保釈の必要性

被告人は、第一審弁護人の方針で正当防衛を主張していたが、被害者への被害弁償も希望していた。しかし、現時点では被害弁償は実現していない。被害者の傷害が重いため、被害弁償には相応の金額を要するものと思われる。そのため、被告人には一括で支払う能力がないものの、毎月分割でも被害弁償をしていきたいと考えている。この点、被告人が勾留されたままであると、被告人が仕事をすることができず、被害弁償金を稼ぐことができない。一方、被告人は○○で稼働しており、保釈中も収入を得ていた。被告人が保釈された場合には、同○○で稼働を継続することができ、収入を得ることができることから、被害弁償金を捻出することができる（資料4：会社の上司の電話聴取書）。具体的には、毎月○○万円の収入を得ており、一方で被告人の生活費は○○万円であるから、少なくとも、被告人は被害者に対し、毎月○万円を分割して支払う予定である（資料1：被告人の誓約書）。このように被告人の保釈を認め、毎月少しずつでも被害弁償をさせることは、被害者の被害回復にもつながり得る。

そして、このことは被告人の防御の準備に極めて重要である。すなわち、第一審判決では被告人は実刑判決となったものの、被害者への被害弁償が実現すれば、控訴審において原判決後の被害弁償の事実が重視され、執行猶予付きの判決を得ることも十分にあり得る。そうすると、被告人の保釈の有無が、被告人の防御に直結するといっても過言ではない。

また、現在被告人の娘は大学に通っており、大学の学費の支払は被告人の収入がなければ不可能といえる状況にある（資料2：被告人の妻の誓約書）。したがって、控訴審判決までは被告人が娘の学費を賄う必要があるし、仮に控訴審判決で原判決が維持されるとしても、それまでにその後の学費について被告人を交えて方策を練っておく必要性は極めて高い。

このように、被告人を保釈する必要性は被告人の防御の準備の観点や経済上の不利益の程度からみても高い。

第2 結論

以上のとおり被告人には裁量保釈事由が存在することから、被告人を保釈する旨の決定を出されたい。

第3 その他

1 身元引受人

○○（被告人との関係：妻）

2 制限住居

○○

3 希望保釈金

○○万円（なお、第一審時の保釈保証金を流用されたい）

以　上

添付資料

1．誓約書（被告人）
2．誓約書（被告人の妻）
3．検察官に対する申入書
4．会社の上司の電話聴取書

事例
7-2

【事案の概要】

Aさんから弁護人が聴取した内容は、以下のとおりです。

すなわち、Aさん（20代前半男性）は、２人に対する強制わいせつ罪で起訴されました。なお、実行行為はそれぞれ全く別の日時で別の場所でした。２つの事件の間は１か月ほど空いています。いずれも夜間路上で、背後から抱きつき、着衣の上から胸を揉むなどしたうえ、スカートの中に手を入れ、陰部を下着の上から手で弄んだというものです。実行行為自体は全体で１分程度で、終了後はすぐに逃走していたということでした。しかし、Aさんは、２人目の強制わいせつ行為後の逃走中に、駆けつけた警察官に現行犯逮捕されました。同様の余罪もほかに何件かあったようですが、起訴されたのは２件だけだったようです。Aさんは、事件当時は仕事でストレスが溜まっており、ストレス解消目的でいずれの行為も行ってしまったと話しています。なお、Aさんには前科も前歴もありません。

第一審では、１名の方とは示談が成立しましたが、もう１名の方とは連絡がとれず示談ができませんでした。また、再犯を防止するために性依存症の専門クリニックに通っており、Aさんとしては自分の認知が歪んでいたことに気付けた等の発見があり、今後も継続して通うことを希望していました。しかし、第一審の判決では懲役１年６月の実刑判決となってしまいました。

Aさんは、示談ができなかったもう１名の方に被害弁償したいという気持ちと、刑務所に行くことで現在受けている治療プログラムが中断してしまうことが嫌だという気持ちから、控訴をすることにしました。

Aさんは、起訴後すぐに保釈されていました。事件当時は一人暮らしをしていましたが、保釈中は実家で両親と妹の４人家族で生活しています。示談金や保釈金は両親が用意したということでした。Aさんは、逮捕時に実名報道されてしまったために、会社は解雇され、現在は無職で、日雇いのアルバイトをして少しずつ両親に示談金を返済しているようです。

【事案のポイント】

◎第一審判決後の保釈なので、権利保釈の規定が適用されないこと
◎1名の被害者と被害弁償、示談がいまだできていないこと
◎被害弁償、示談ができれば執行猶予付きの判決がなされる可能性があること
◎現在でも性依存症の専門クリニックへの通院を希望していること

【解説】

1 裁量保釈について

⑴ 罪証隠滅・逃亡のおそれ

罪証隠滅のおそれについては、第一審で必要な証拠調べはすべて終了しており、また、路上類型であってAさんは被害者のことを知りませんし、知る術もありませんから、罪証隠滅の具体的・現実的危険はありませんし、実効性もないと記載することになります。裁判所もさすがに第一審で証拠調べを終えて判決に至っていますので、罪証隠滅のおそれを理由に裁量保釈を認めないということはないと思います。ですので、やはりこの点についてはあまり厚く論じる必要はないといえます。

次に逃亡のおそれですが、今回も大前提として、第一審で起訴後すぐに保釈されていながら、一度も逃げることなく公判期日に出頭し続けた「実績」があることを簡単に書いておくとよいと思います。

そのうえで、本事例では、まず第一に、第一審で連絡がとれなかった被害者への被害弁償及び示談交渉を持ち出すことになるでしょう。ただし、第一審で被害弁償や示談ができなかった理由は、連絡がとれなかったというものですから、どのくらい具体的に連絡がとれるのかという点については裁判所は懐疑的にみるでしょう。そして、残念ながら弁護人はこの点について具体的な見通しがないことが多いです。そのため、事例7-1と同じように、検察官に被害弁償と示談交渉の申入書をFAXしたうえで、検察官が被害者に連絡をとっている頻度、どうして連絡がとれないのか等の点を検察官から確認をして、電話聴取書等の形で疎明資料化しておくべき

でしょう。なかには第一審では被害弁償を拒み、実刑判決が出た後に被害弁償に応じる被害者もいますので、第一審で連絡がとれなかったり被害弁償ができなかったりしても、控訴審段階で示談を成立させることが絶対に不可能なわけではありません。このような場合には、可能な限り検察官から具体的な事情を聴取するべきでしょう。もちろん、示談が成立した場合には、控訴審でいわゆる2項破棄となり執行猶予付きの判決となることは十分にあり得る事案ですので、事例7-1と同じように、本事例では必ずしも逃亡のおそれは高くないというべきでしょう。

次に、「専門クリニックでの治療の継続」が逃亡のおそれを低下させる事情になるかという点について検討します。この問題は、「専門クリニックでの治療の継続」という点だけでいわゆる2項破棄が狙えるかという問題に帰着しますが、結論としては、この点だけで控訴審が原判決を破棄し、執行猶予付きの判決になると考える裁判官はあまり多くないと思われます。それゆえ、「専門クリニックでの治療の継続」をするから執行猶予付きの判決になることがあり得る、よって逃亡のおそれは高くないと主張するだけの論証だとあまり説得力を持たないということになります。むしろ、専門クリニックへ通う行き帰りの道中が逃亡のリスクだと考える裁判官もいるかもしれません。したがって、ただ単に「専門クリニックでの治療の継続」を主張するのではなく、その行き帰りに逃亡をしないといえる方策、例えば両親のどちらかが必ず送り迎えをすることや、GPS付きの携帯電話を持たせて両親が居場所を常に把握できるようにしておくこと等の工夫をした方がよいと思います。

⑵ 健康上、経済上、社会生活上の不利益の程度

現在定職に就いておらず、両親と同居して家計に貢献していないケースのような場合では、あまりこの点について主張すべきことがないように思われるかもしれません。しかし、日雇いのアルバイトといえども、勾留されていることによってそれができないことで経済上の不利益を被ることは間違いありません。特に、本事例では本来Aさんが支払うべき示談金を

両親が立て替えている状態にあり、Aさんは日雇いのアルバイトで得たお金を両親への返済に充てていますから、勾留されていることによってこれができなくなる経済上の不利益を無視するべきではないという主張が可能です。また、Aさんは20代前半で社会経験も乏しいですが、そのような日雇いのアルバイトをすることによって社会経験を経ることで、今後の更生にもつながります。そのような社会生活上の不利益も無視するべきではないという主張が可能でしょう。

(3) 防御上の不利益の程度

前記(1)の逃亡のおそれの事情が、事例7-1と同じようにすべて防御上の不利益として主張できるかという点については慎重な考慮が必要です。すなわち、本事例では示談金はすべて両親が捻出しているという事情があるため、仮にもう1名の被害者と示談が成立することになった場合でも、本人が勾留されていたとしても示談金を支払うことは可能だと思われるからです。この点については、仮に最終的に両親が示談金を出すことになるとしても、その前提として本人が日雇いのアルバイトをして可能な限り原資を貯めておく必要があると主張するべきでしょう。本来、両親には被害者に対する損害賠償責任は発生しないわけですから、被害弁償金を用意する第一次的な責任はAさんにあります。そのAさんが被害弁償金を用意するのは当然です。その被害弁償金の原資を可能な限り用意するためには、Aさんを保釈してアルバイトをしてもらう必要があります。そうすると、やはり控訴審で執行猶予付きの判決を得るためには、Aさんを保釈して示談金の原資を用意してもらう必要があることから、Aさんの防御のためには保釈が必要不可欠だ、と主張することになります。このように主張すれば、裁判官も本来両親には損害賠償責任がないことは理解していますから、「両親が出せるのだからAさんは働く必要がないのではないか。したがって保釈の必要性はないのではないか。」とは考えないはずです。

また、原判決後に「専門クリニックでの治療の継続」をしていることは、再犯可能性を低下させる事情として控訴審で主張立証することになります。そうすると、やはり保釈をしてもらい、社会内で専門クリニックに通ってもらう必要がありますから、勾留されたままではこれができないことが防御上の不利益に当たるという点を主張するべきでしょう。もともと、Aさんの犯行動機には、仕事で受けたストレスの解消というものがありました。今後は再犯しないといえるためには、日雇いのアルバイトという仕事をしながら、その仕事で受けるストレスを強制わいせつという犯罪で解消しないための方策を練る必要があります。そのストレスと付き合いながら生きていくことがまさに社会内での更生であり、Aさんが今後再犯をしないで生きていくために必要なことであり、専門クリニックでの治療の根幹です。そうやって、リアルタイムで発生する社会内でのストレスを、専門クリニックがどのようにケアをしたのか、それでAさんの考え方がどう変わったのかという点は、Aさんの防御に直結するということを、例えば専門クリニックのプログラムを借りて、そのプログラムを疎明資料として具体的に主張するべきでしょう。

あとがき

もう10年前になりますが、刑事裁判実務修習の際に、裁判官から勾留・保釈に関する１時間程度の講義がありました。その講義では、たとえば、覚醒剤の使用とか、万引き等の簡単な事例がいくつかあり、その事例から、どのような罪証隠滅行為が想定できるか、ということを修習生１人ひとりあてて発言をさせていたと記憶しています。覚醒剤の使用であれば売人と連絡とるかもね、とか、万引きであれば警備員さんという目撃者に働きかける可能性があるね、とか。私は、いったい何をやっているのか理解ができませんでした。講義の最後に質問の機会があったので、質問をしました。「今、これらの事例をもとにたくさんの罪証隠滅の抽象的な可能性を考えていましたが、そのような可能性が本当にあるといえるのかを、具体的に事案に即して考えるのですよね？」と。この質問には、明確な回答がなかったと記憶しています。

その後、実務に出て、その裁判官が言っていた「抽象的な可能性」レベルの話で罪証隠滅要件を認定するのだと理解するのに時間はかかりませんでした。憲法上の権利である黙秘権の行使が、罪証隠滅の主観的可能性を考慮する一要素にしても良いなどというあり得ない解釈がまかり通っている現実を目の当たりにしました。この国では、裁判官が罪証隠滅の可能性を机上で思いつけば、いくら依頼者が具体的な行動をとっていなくても罪証隠滅要件に該当するとされます。この国では、依頼者が無実を訴えたら、罪証隠滅要件に該当するとされます。これが現実です。

人の身体を拘束することを全く恐れない現在の実務を変えたい、という思いを本書に込めたつもりです。我々も人質司法に加担しないように、たとえば、保釈請求のポイントとして「事実を認めること」は挙げないようにしました。本来、事実を認めていない、無罪の可能性がある人を釈放するべきだからです。事実を認めているとか認めていないとかではなく、あくまで証拠との距離とその実効性に重点をおくべきであり、弁護人がそのように主張することで裁判所の意識を変えたいと思っています。

そういう意味で、本書では、裁判所における通説的な立場をまず確認したうえで、それに反論すべき個所ではその反論も試みています。ぜひ、その反論を利用してください。裁判官と議論してください。全国で議論して、全国の裁判官の意識を変えていきましょう。

ある意味では本書は挑戦的な内容になっているといえるかもしれませんが、我々の思いを受け止め温かく見守っていただいた第一法規株式会社の宗正人氏、芝田敏昭氏には感謝の思いしかありません。

そして、支えてくださる皆様に御礼申し上げるとともに、本書が、日本の保釈実務の向上に少しでも寄与することを心より祈念して、本書の結びとさせていただきます。

2021年７月

中原　潤一

執筆者紹介

高木　小太郎　（たかぎ　こたろう）

弁護士（旧60期、神奈川県弁護士会）。横浜ユーリス法律事務所。

神奈川県弁護士会人権擁護委員会副委員長、日本弁護士連合会人権救済調査室嘱託、神奈川県弁護士会刑事弁護センター運営委員会。

2006年早稲田大学法学部卒業。

中原　潤一　（なかはら　じゅんいち）

弁護士（新64期、埼玉弁護士会）。弁護士法人ルミナス法律事務所。

埼玉弁護士会裁判員制度委員会副委員長、日本弁護士連合会刑事弁護センター幹事。

2005年明治大学法学部卒業。

サービス・インフォメーション

通話無料

①商品に関するご照会・お申込みのご依頼
TEL 0120(203)694／FAX 0120(302)640

②ご住所・ご名義等各種変更のご連絡
TEL 0120(203)696／FAX 0120(202)974

③請求・お支払いに関するご照会・ご要望
TEL 0120(203)695／FAX 0120(202)973

●フリーダイヤル(TEL)の受付時間は、土・日・祝日を除く9:00〜17:30です。

●FAXは24時間受け付けておりますので、あわせてご利用ください。

事例から掴む　保釈請求を通す技術

2021年8月25日　初版発行

編　著　髙木小太郎
中原潤一

発行者　田中英弥

発行所　第一法規株式会社
〒107-8560　東京都港区南青山2-11-17
ホームページ　https://www.daiichihoki.co.jp/

装　丁　篠　隆二

保釈請求技術　ISBN 978-4-474-07410-1　C3032 (4)